高尔夫
教学手册

邱红伟◎编著

GAOERFU

JIAOXUE SHOUCE

重庆大学出版社

图书在版编目（CIP）数据

高尔夫教学手册 / 邱红伟编著. –– 重庆：重庆大学出版社，2023.12

ISBN 978-7-5689-4249-2

Ⅰ.①高… Ⅱ.①邱… Ⅲ.①高尔夫球运动—手册

Ⅳ.①G849.3-62

中国国家版本馆CIP数据核字（2023）第243386号

高尔夫教学手册

邱红伟　编著

策划编辑：尚东亮

特约编辑：杨鸿滟

责任编辑：尚东亮　　版式设计：尚东亮

责任校对：邹　忌　　责任印制：张　策

*

重庆大学出版社出版发行

出版人：陈晓阳

社址：重庆市沙坪坝区大学城西路21号

邮编：401331

电话：（023）88617190　88617185（中小学）

传真：（023）88617186　88617166

网址：http://www.cqup.com.cn

邮箱：fxk@cqup.com.cn（营销中心）

全国新华书店经销

重庆升光电力印务有限公司印刷

*

开本：787mm×1092mm　1/16　印张：9.25　字数：181千

2023年12月第1版　　2023年12月第1次印刷

ISBN 978-7-5689-4249-2　定价：45.00元

前　言

高尔夫作为一项优质球类运动，不仅需要体能与装备，更需要场地。拥有一名科学、系统且专业的教练，是提升高尔夫技术的不二之选。本书将基于高尔夫教学理论，向读者展示高尔夫教学中应当注意的知识点。"成为一名专业的、优秀的高尔夫教练"是本书的宗旨。

本书分为两大部分——教学方法以及进阶教学。在第一部分的教学方法中，本书从高尔夫教练将遇到的各种客户开始，基于不同客户的需求和期望，收集客户数据，为他们制订教学计划；同时，根据学生的性质为他们量身定制课程，使读者具备优秀高尔夫教练专业素养和特质。高尔夫课堂的流程以及结构都将在该部分中着重讨论，为各位读者初步构建一个高尔夫教学的基本框架，涵盖高尔夫教学所需的实际行动以及可能遇到的特殊情况的大概应对方案。

在第二部分的进阶教学中，本书围绕着如何在高尔夫教学领域"臻于至善"的问题，通过构建完善的教学体系和教学理念，分析如何创立教学业务，针对不同客户群体提供最适合他们的教学计划。此外，我们还希望读者通过本书可以汲取更多拓展自身教学市场的经验，因此我们还将于该部分向读者展示用什么方法去吸引更多的客户，并且将他们留住，使其成为忠实的客户，并带来更大的市场。

"奋楫笃行，臻于至善"，高尔夫教学和高尔夫技术的亮点都在于不断完善自身，不断追求突破、弃旧图新，《高尔夫教学手册》正是以此为创作初心，为对高尔夫教学想要更进一步，或想要尝试该项教学的读者，提供先进、科学、结构完整的教学指南。

本书受 2022 年度广东省教育科学规划课题（高等教育专项）资助，项目名称：应用型本科旅游教育"学术漂移"及矫正研究——基于 OBE 教育理念视角（课题编号：2022GXJK391），为课题研究成果之一。本书虽经几次修改，但由于编者能力所限，不足之处在所难免，敬请专家、读者批评指正。同时也希望本书能在您的高尔夫教学之路上有所帮助！

本书的完成得到了珠海科技学院（原吉林大学珠海学院）的大力支持和多位同事、教练、朋友的帮助，在此表示衷心的感谢！

邱红伟

2023 年 9 月于珠海科技学院

目　录

第一部分　教学方法

第一章　专业教学的期望与标准 ····················· 7

第二章　卓越教学的特质 ························· 15

第二部分　进阶教学

第一部分
教学方法

Champs only!

◎介绍

自第一颗石子被棍子击打的那一刻起，高尔夫球手们就一直在试图找到更好的方法，让一个小而圆的物体飞得更远、更直。在这个探索过程中，每个小元素都被人们探讨着，并不断地进行调整，他们尝试以完美的解决方案来玩这个被称为高尔夫的游戏。各种学术和职业背景的人都愿意倾听关于这个复杂游戏的下一个富有远见的解决方案。换言之，他们完全愿意盲目地接受任何握住球杆那一端的人关于高尔夫挥杆的"经过验证的知识"。

同样的，这些人也总是十分乐意去分享自己所了解的有关高尔夫的最新披露的"秘密"，无论是著名的学者，还是某大型公司高管，又或者是在城市高尔夫球场里每个月打几个洞的当地民众。就像高尔夫球手总是想打出更好更稳定的球，或者是把球打得更远，在他们的生活中，期待着能够打出完美的一杆，也期待成为打出伟大高尔夫球的魔法专家。（图1）

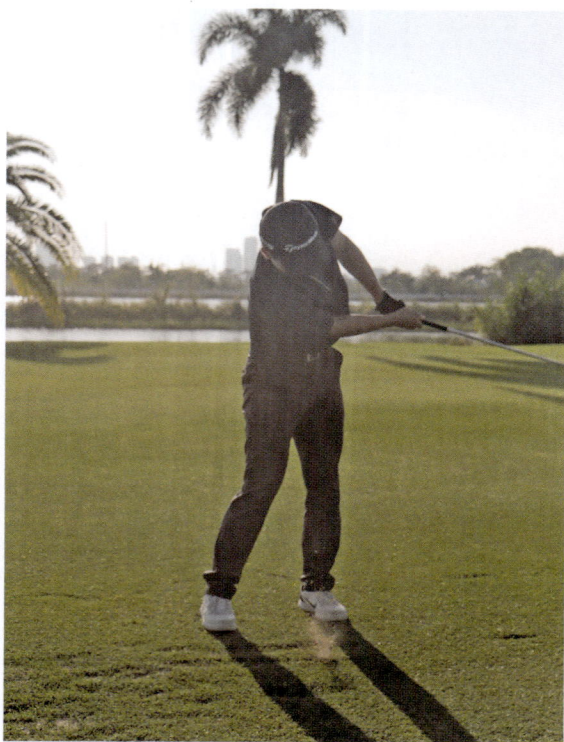

图1　每个人都在寻找一种方法来打出更好的高尔夫球和更低的杆数。很多人兴奋地将他们"新发现"的知识与他们所有的朋友、邻居和同胞分享，即使它们并不总是有效

这就使得教授高尔夫球运动的专业人士的工作变得更加重要。高尔夫球运动的目标很简单，就是用最少的杆数把球打进洞里，但对如何实现这一点的描述却很复杂。关于高尔夫挥杆的专业知识与进阶路径是相当多样的，并且与围绕这项运动的技术密切相关。随着人们的高尔夫运动知识的增加，成为一名称职的教练变得更加困难。让我们来看看在过去150年左右的时间里，高尔夫球教学是如何发展起来的。

以改编法国轻歌剧而闻名的亨利·布鲁厄姆·法尼，在他的晚年用了21年写了第一本关于高尔夫球教学的书——《高尔夫球手手册》。这是一本关于苏格兰全国性运动的历史性和描述性的书，该书的问世标志着高尔夫教育从此开始。

20世纪初，为了奖金而打球的职业巡回赛选手受到了大众的密切关注。每个巡回赛的球手都尝试着将个人的一些特殊高尔夫技术运用到比赛中。这些球手在高尔夫比赛中的突出表现不断被媒体和报纸杂志报道。这一举动让普通的高尔夫球手了解到世界上最好的高尔夫球手所隐藏的宝贵秘密。

世界著名高尔夫球手鲍比·琼斯制作了一个关于高尔夫球的教学系列节目，并在电影院与当时的热门影片一起放映。厄内斯特·琼斯，一个高调的教练，在纽约市的第五大道开设了一个工作室，为任何愿意支付每节课5美元的人提供高水平的高尔夫教学。今天的高尔夫练习场出现了机械捡球器，每次练习都需要一个球童来捡球的需求消失了。人们开始向当地的"专业人士"学习。他们也开始更多地练习，逐步发现自己成为伟大高尔夫球手的完美解决方案。

电视给高尔夫球教学领域带来了另一个福音。世界高坛著名的"三巨头"——阿诺德·帕尔默、杰克·尼克劳斯和加里·普莱尔利用他们在比赛中的成功经验撰写了大量的教学文章、书籍和技术小贴士，讲述把小白球打进洞里的最佳方式。高尔夫杂志上的每月小贴士以及与巡回赛教练密切合作让公众意识到，不仅仅是顶尖球员才拥有打好这项运动的所有秘密，他们的成功是有原因的。

高尔夫设备的变化带来了对高尔夫球更好的控制和更精确的指导。通过对高尔夫挥杆动作的视频分析，我们可以更深入地了解顶级球手是如何取得高水平成功的。新概念的出现，如身体各部分的连接和大肌肉控制等改变了教练的工作方式。使用视频作为分析工具（图2），即使是当地的高尔夫专业人士也能对球员挥杆的情况做出合理的评估。著名的高尔夫教练可以通过大师班，在一些度假胜地的国家学校，为大量的高尔夫球手提供持续一周的课程服务。教练的指导也变得更加精细与全面，如全挥杆、短杆击球、高尔夫比赛中的心理等，并为特定群体，如女士、青年、年长者开放服务。

虽然只有一小部分人一直在顶尖水平上竞赛，但值得注意的是，世界上只有不到一半的高尔夫球手能够在18洞的成绩中保持在100杆以内。（图2）

有许多优秀的教练能够成功地引导他们的学生达到一个相当高的水平，但也有许多教练因为没有进行深入的研究，他们的教学方法只是依赖于陈词滥调和语言提示；还有一些人只是锁定单一的击球方法，他们没有考虑到个体的差异，这使得许多高尔夫球手无法做出自己想要的动作，他们可能被一些人认为是天才，而另一些人则认为他们在高尔夫方面很平庸。

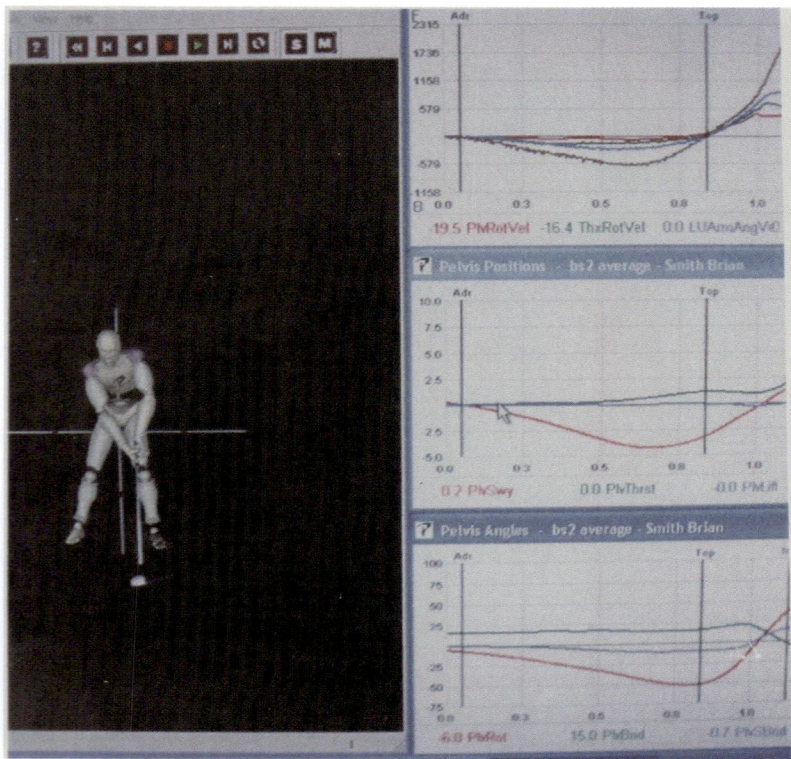

图2　视频分析只是捕捉到了技术的冰山一角，教练可以利用这些技术帮助他们的学生成为更好的球员

　　精通高尔夫教学并非一朝一夕就能实现，它是随着时间发展的。就像最有天赋的球手不一定是最好的高尔夫球手一样，每个立志成为这项运动的伟大教练的人都有这样的机会。知识、远见和敏锐可能会让一些人更快地走上成为专家的道路，但这些能力并非总会通向成功。在这个过程中，最重要的是认识到你当前的水平，理解达到下一个水平所需的因素，然后以一种有组织的方式追求这些目标。记住，永远有开始，但永无止境。优秀的教练会认识到自己的缺点，每天都努力向前，让自己变得更好。

◎成为专家

　　美国著名运动学教授、乔治亚大学运动教学研究实验室主任、演讲家、教练普拉·史普博士，他为从新手到专家的转变制订了一个清单，列出了五个不同的水平或阶段。虽然这些阶段不是专门为某一职业写的，但它们几乎无一例外地适用于所有努力成为各自领域的佼佼者。在向高尔夫教练描述这些阶段时，我们将这五个阶段划分为新手、有能力者、能干者、精通者和专家。（图3）

　　新手教练被描述为一个相对死板的人。他们严格遵守规则和模式，这类人的套路更机械化，并可能将它们锁定在有限的操作选择中。这个阶段的另一个特点是个体不承认自己的无能，也不为任何失败的结果承担责任，要么是过程的失误，要么是学生的失误。这类人的哲学是"每个人在变好之前必须先变坏"，因为他们看不到其他的方法。这类人经常发表的评论是："我不明白他们为什么不明白，我在30分钟内解释了3次。"这类人在毫无经验的情况下运用理论，其实还需要大量的观察和学习。

　　有能力的教练在教学过程中开始意识到动作上的相似之处，他会认识到相似的情况，并开始明白没有绝对的东西。这类人开始做出必要的转变，使自己的喜好与高尔夫运动的原则保持一致。他开始理解顺序在为学生提供一条有组织的成功之路方面的重要性。这类人开始扩展他的学习资源，查阅各种各样的文章、书籍和视频，从成功的教练那里收集更多的概念。有能力的教练认识到差异，并提供不总是书本上的解决方案。他可能并不总能认识到错误的真正原因，但他已经开始朝着一名能干的教练的方向迈出了一步。（图4）

图3　作为一名教练，在经历不同级别的过程中，他们需要从顶尖教练那里获得想法，观察专家授课，但最重要的是，以各种类型的设置和形式提供大量课程

图4　教练掌握的知识越多，就越容易把自己的概念传达给当下的学生

　　能干的教练以开放的心态对待每一种情况。他能够分辨出高尔夫挥杆中更多的因果运动。认识到运动中积极和消极的重要部分对人所造成影响是显而易见的。作为一名能干的教练，他可能没有最适合学生的解决方案，但他会很快为学生的进步制订一个"循序渐进"的计划。匹配能力和期望纠正的经验仍然是一种有意识的想法。因此，学生发展的每一步都看得更清楚，能够更早地认识到正确与不正确模式之间的差异。这类人能够从别人那里获得新知识，并将其与自己的经验相结合，从而取得更大的成功。当第一

个解决方案不奏效时，这类人可以轻松地改变方向，提供新的解决方案。能干的教练能够以多种方式向学生传达期望的行为。

精通的教练在识别、分析和实施纠正技巧方面表现出高强的能力。他的练习和套路是在潜意识层面上发展起来的，因此，传递给学生的信息更多的是一种习惯，而不是一种有意识的思维。纠正动作过程中的经验是从数百种不同的场景中演化而来的。根据学生的知识、身体类型、运动能力、经验和期望的目标，在教练的头脑中很快就能找到学生问题所在，并能快速地为学生制订解决问题的相关教学步骤。解决常规问题的方案是自动的。一些有意识的考虑仍然需要为不寻常的问题找到答案，但这位教练能够缩小这类问题的范围。通过花时间与他人一起研究和收集知识，他努力变得更好，他努力寻找那些没有写在任何书籍或文本中，也没有出现在他自己的生活中的答案。

专家教练显然是最高水平。这个指导者用他的眼睛看到的东西，在意识层面上是不明显的。他的直觉会识别出一些问题，这些问题可能只有通过高速视频的仔细观察才能被别人看到。他很快就能识别出任何扰乱系统的小的非典型模式。他对解决方案的回忆可能被比作一个高速处理器，在几毫秒内剔除大量数据。他的反应是被动的，当涉及正确的行动方案时，他通常是"完全正确的"。即使在这种最高水平的表现中，专家教练也认识到他可能只知道或理解总数的一小部分。出于这个原因，他会继续寻找知识，甚至会利用最不可能的资源来发现他认为自己的数据库中可能缺失的东西。虽然他已经达到了别人可能认为的职业顶峰，但他仍然不满足，并寻求变得更好。

第一章　专业教学的期望与标准

◎介绍

无论一个高尔夫教练拥有多少知识和经验，他都应该保持一定的礼仪。专业教学人员的概念需要从几个方面来看待。一方面是从学生或者客户的角度来看，另一方面应该是从旁观者的角度来看。尽管大多数人可能会忽视这个因素，但它提供了一个与教练无关的观点。从自己的角度来看，教练需要对课程的每个小部分做出准确的评价。对于教练来说，创建自己的检查表并在每节课后参考，那将是一件好事。

在评价过程中，客户比其他任何一方都有更多的话语权，他是这一课程的直接接受者，但他可以选择是否接受任何建议，并付出努力来获得他所期望的结果。如果事情不按他认为的那样发展，他将会是最直言不讳和最挑剔的人。教练将从头到尾审视一番，因为他有内部信息，但他可能会忽略一些可以把一个好课程变成一个糟糕课程的重要因素。旁观者无论是与专业人士，还是学生都无关，他将从一个衡量静态和动态要素的角度来看待这一经验。他会对这堂课该如何进行有自己的看法。他可能会把这些看法留给自己或与他人分享。这三种观点对于专业人员衡量课程质量和影响都很重要。希望未来继续取得优异成绩的专业人士会关注学生和旁观者的反应，在吸引学生、提供正确的评估和诊断、帮助他们成为更好的球员等方面，他会成为对自己最严厉的鞭策者。

◎课前期望

对于专业人士的教学业务的未来，最重要的意见来自客户，他们是花费时间和金钱去追求进步并富有激情的学生。任何学生的期望都有几个不同的来源：这个学生是一个有成就的球员，还是一个新手，还是一个介于两者之间的人？他们的天赋和投入程度如何？这些不同的群体对专业水平的期望是相似的，但教练对帮助他们达成期望的方式却各不相同。

大多数人习惯了诸如医生、牙医、银行家、律师和会计师等人所表现出来的专业标准，他们对高尔夫专业人士的期望不会降低。高尔夫专业人士应该在尽可能多的方面效仿其他行业的专业人士。他的办公室是高尔夫练习场或推杆果岭。教学区域应与练习场或果岭的其他区域分开，并应在上课前将所有可能需要的用具或器具放在手边，训练器材、球、高尔夫球钉、录像设备都应到位。

接待学生的工作人员应该是友好和乐于助人的。学生应该得到有关练习场的信息、热身和高尔夫教练授课的位置。如果这是第一堂课，学生应该完成一个能够帮助教练在授课中提升学生能力的档案等。

教练应在上课时间的前几分钟到达。他应该在着装和仪容仪表上表现出专业的精神风貌。教练需要为课程和教学的思维模式做好准备。他应该有关于其学生的完整文件以及他所期望学生收获的内容，并访问他可能需要指导这一课程所有的历史或者档案。

◎ 课上期望

在上课期间，专业人士要审查学生的动作，并根据学生当前的水平和他对课程的预期提出建议和意见。学生希望教学专业人员对其表现出积极的兴趣。他希望专业教练尽可能多地收集有关他的打球信息，以便快速做出正确的诊断，并以有效的方式实施纠正措施。在高尔夫挥杆知识方面，学生们认为他们必须掌握的信息的类型和数量各不相同。对高尔夫运动进行准确的分析和处理学生信息的能力是教练的责任。无论一个学生的能力如何，他们都希望和教练在一起训练的时候能得到教练的关注。他们希望教练能专注他们的问题，而不是其他学生的电子邮件和电话。

当我们开始检查不同能力和知识水平的学生时，我们想为您提供一些例子，以提示您作为教练可能面临的一些问题。记住，这些并不是你将要面对的，而只是你在不同群体中可能经历的常态。所有这些情况都有例外，就期望而言，这些群体中的任何一个学生都可能非常适合其他类别中的一个。作为一个起点，这些例子将为您提供识别学生特征的基础，以便您能够对症下药。（图 1.1）

图 1.1 学生希望快速评估他在高尔夫运动方面的问题，而且往往期望更快地改进与纠正

◎初学者

初学者对于他们想学的东西是完全接受的。虽然许多初学者对提高能力所需的身体和心理要求并没有很好地了解，但他们希望一次性掌握高尔夫挥杆所需的全部信息，然后在练习中"练就"。这个特殊群体中的许多人只需要少量的知识和信息，以避免混乱。另一些初学者了解比赛的复杂性，只想在一个特定的领域进行调整与改进，直到他们觉得自己已经取得了可以进入下一步骤的足够的进展。教练应该提供关于高尔夫运动的简单知识和足够的指导，以确保初学者步入正轨。

◎高水平者

有所成就的球员通常会寻找关于比赛某一部分的特定信息。他们可能不是在上第一节课，尽管这可能是这个教练的第一节课。他们已经对挥杆的要素有了一个相当的概念，但他们只是有点落后，因此需要一双训练有素的眼睛。一双训练有素的眼睛将提供轻微的助力，让他们越过某一方面的瓶颈，成为一个更好的球员。这个群体的成员并不寻求全面的改变。他们只是寻找一个能识别他们问题并能通过轻微地调整解决问题的人，使他在比赛中能获得更好的表现和成绩。他们已经用自己的思想和动作体验过非常好的高尔夫运动。他们的目标是找到拼图在组装时掉在地上的最后一块。尽管这群人容易受到提示和陈词滥调的影响，但是他们正在寻找一个针对基本缺陷永久的修正。他们明白，他们可能需要努力练习一段时间，并且愿意这样做，因为只要再挥杆几百下问题就能得到改善。他们希望教练具有优秀的眼光和对比赛的良好感知。他们想要一个简短、切中要害的解释和一个非常具体的修正计划。教练需要通过他的分析和建议掌握形势，他必须谨慎措辞，同时提供足够的信息，让学生相信这是一条正确的改进之路。

◎中等水平者

教学专业人员必须接受的第三类学生是介于高水平球员和初学者之间的群体。由于找不到更好的术语，我们将这一群体称为中等水平球员。中等水平球员群体具有广泛的知识和能力水平。这些球员中有人觉得自己与高水平球员差不多，认为自己离完美只差一点小小的调整。这个群体的其他人则认为自己的挥杆相当不错，他们这样做已经很长一段时间了。此外，他们也花大量的时间练习一种新的、修改过的高尔夫动作。这一中间群体中还有许多人，他们知道自己的动作不够完美，知识也不够丰富，但是他们每周都会用仅有的几个小时来做改变。

这种类型的另一个派别是那些从朋友、亲戚、书籍或电视中学习打高尔夫的人。他们并没有太多的经验或关于挥杆时应该发生的动作概念。这类人可能会也可能不会致力于改善。他们非常乐于接受来自专业人士（以及任何拥有"高尔夫技巧"的人）的信息，但他们可能不会表现出永久改变所需要的决心。这类群体中的许多人在上课后会有明显的进步，而另一些人则缺乏动力，几乎没有进步。他们甚至可能会变得更糟，因为没能完全摆脱旧的运动模式并充分接受新的运动概念。

由于在中等水平球员群体的几个类别中有明显的差异，预期也将会有很大的差异。那些"几乎成功"的人正在寻找证据，证明他们在高尔夫挥杆时做出的大部分动作都是正确的。在没有确凿的证据证明新的修正方法是准确无误的情况下，高尔夫专业人士将更难让这群人做出任何类型的重大挥杆改变。这群人会要求更多的专业人士在知识方面做出指导，充分利用他们用于自我改善项目的这部分时间和金钱。

第二类中等水平的球员，他们会做出一个非常完整的、流畅的、可重复的动作，他们需要一个专业人士来理解和处理他们自己的特定限制，不管这是实际的限制还仅仅是感知到的限制，这是基于他们在过去高尔夫运动中的所能做到的动作。当一个教练试图实现一个连学生本人都明确认为在他的有生之年不可能实现的改变时，他将会碰壁。（图1.2、图1.3）

图 1.2　中等水平高尔夫球员甚至会给专业教练带来一些有趣的挑战

图 1.3　他可能需要从细微地调整到完全改变他的动作

那些知道自己的运动和知识都缺乏的群体可能是最容易接受教练将尝试实施的任何建议的。教练需要了解此人的目标和时间要求，并根据他的能力和时间限制组织改进计划。想要改变的人，努力去尝试改变，并且有足够的耐心去等待改变。这就需要一个更有条理的改进计划来平衡指导课程量和学生练习规定动作的可用时间。对这个人进行长时间的指导，让他做出改变，是教练将面临的最大挑战之一。

对于那些对比赛有肤浅了解的人来说，专业人士既需要成为他们的导师，也需要成为他们的教练。这些中等水平学员自认为掌握了许多关于高尔夫挥杆的正确信息，但实际上是没有的。自从他们开始打高尔夫，他们一直在陈词滥调上重复着对挥杆动作简单的理解。这一群体的自我激励水平从极高到几乎为零。在这种情况下，教练必须在正确的时间用正确的顺序提供适量的信息。他必须使用他的沟通技巧来提供与此人知识水平相匹配的信息。他还必须带动适合这个人可支配的时间内学习的积极性。教练的要求太多且太快或者专业性太强，离目标太远又或者目标太容易达成，都不是对这类群体授课的好方式。但是作为教练必须能够适应每个学生的需要。

当考虑到一群已经或将要成为学生的个体时，教练必须设法找到与每个学生沟通的最佳方式。他必须找到一种方法，传授学生可以遵循到下一课的某种程度的理解和某种类型的比赛计划。虽然这些学生的知识、能力和积极性水平各不相同，但总的来说，他们在高尔夫课上有一个目的，即他们希望看到自己比赛方式的进步——越快越好。每个教练的目标都应该是让学生对课程留下积极的印象，让他们感觉到相较于来学习课程之前打得好。（图 1.4）

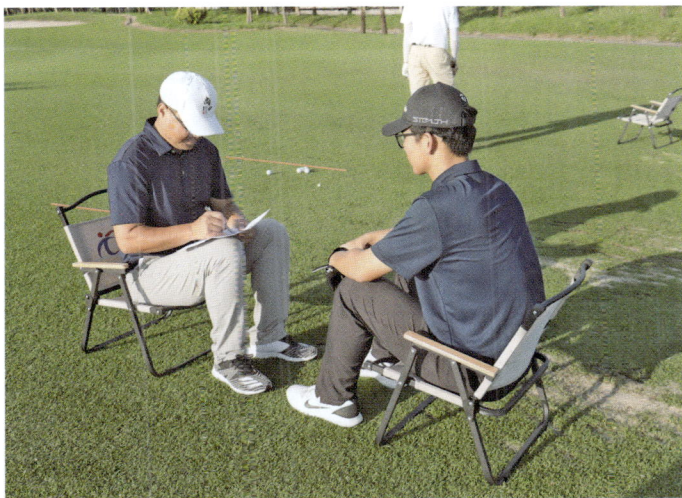

图 1.4　为中等水平高尔夫球员制订比赛计划是确保他在下一节课之前保持"正规"的一种方法

◎ 教练标准

被公认为高于平均水平的教学专业人员要求个人有很高的可信度。教练在商业意义上所做的一切，都能改善这种认知。教练需要确定在课程中出现的各种要素，然后建立一个他将努力超越的特定水平。即使教练是在授课的一端，并且对课上发生的事情有最大的控制，也必须一切都围绕学生和他们的全部经验。写下这些过程是确保每次都遵循它们，无论是新生还是只是回来调整的回头客。

教练需要确保学生从他安排预约的时候开始就可能有最好的体验。如果教练自己做大部分的日程安排，那么，他需要自己组织流程。如果业务规模更大，他有一个处理大量日程安排和文书工作的工作人员，那么，他应该为安排课程的人创建一个检查表，然后建立一个后续程序，以确认检查表已经执行。这一过程可能会花费一些时间，但它可以确保学生在上课前得到他们需要的所有信息。所有课程由教练给予适当的评价，以维持他所希望的课程标准。

教练应该用几种不同的方式准备课程。他应该重新审视自己对学生的认识，无论是第一堂课，还是定期课。了解每个人的局限，他们的长处和短处，任何身体问题或限制，学生一直在做的任何动作，以及他们这节课的目的是什么，这些都能让教练在心理上做好准备以达到最高水平。他应该确保他的教学准备好了高尔夫球、任何他可能需要的教学辅助设备以及视频设置等。

在课堂上，教练应该保持专业的态度，用相应的知识水平来给学生授课。课堂时间的安排是应该优先考虑的问题。通常，学员都是非常忙碌的人，他们不希望自己的时间被浪费，而教练通常在上课之前和之后都要给其他学生上课。教练应该对问题进行快速、正确的分析，并让学员在课程中尽早进行动作纠正。学员越早开始学习修正，好的效果会越早出现。（图1.5）

在每节课上，教练都应该时刻充满活力，始终保持专注。一个教练沉浸于让所有不同水平的学员甚至是刚接触高尔夫的新手

图1.5　作为一名有组织、专业的教练，应该涉及你的每一个操作环节

能更好地执行他所教授东西时，能够增加他的可信度，让学员充满信任感，这无疑对学习高尔夫这项运动是非常有利的。

在课程结束时，教练应该总结问题、告诉学员需要纠正的地方以及学员需要采取的纠正行动。教练应该引导学员在练习场或者球场上，通过参考球的飞行状态，理解造成这种不良模式的原因来做出自己的纠正。教练还要为学生提供一份书面的评论或发送一份总结到网上供学生课后复习，这有助于学生理解，并在课程结束时给他们一个积极的反馈。作为专业的教练，到这里还没有完成所有的工作，在学生离开之前，他还需要为学员安排另一节课，大约一周后，他会打电话跟进，看看学生的实践进展如何。照顾业务，确保持续的课程预订，对于教练来说非常重要。

◎旁观者

旁观者不常被纳入考虑，但他可能是帮助教练建立成功课程业务的最重要的人之一。当教练讲课时，旁观者是在这个范围内的另一个人。虽然他不是过程的一部分，但他常常对过程和结果感兴趣。虽然他只是在远处观察，但他可能注意到了许多要素，特别是学生和教练之间的互动。旁观者希望看到教练和学生之间相互的影响。他希望教练有耐心，并使用训练辅助工具来帮助学生学习。很多时候，旁观者在考虑自己上一堂课，或者他们有朋友需要帮助，但不确定教练的教学质量。改进学生的击球模式是一个优秀的观察指标。由此旁观者能了解这个教练是否能够帮助他们提高高尔夫球运动水平。他们也可能会注意听教练说话的语气，并试着听懂一些术语，以确保教练讲的不是那些难以理解的抽象术语。有了良好的课程记录，教练很有可能成为旁观者的下一个聘用对象。

◎总结

任何时候，一个人进行任何努力——比如上高尔夫球课，他都对课程中应该发生的事情有一定的期望。学员或客户正在寻找满意的对象，因为他们在提高高尔夫球技上投入了合理的时间和金钱。他需要一位知识渊博、精力充沛、善解人意的教练。他想要的是组织和逻辑过程，这将帮助他提高高尔夫球技。他希望高尔夫教练能解决他所有的高尔夫问题。

教练知道客户的看法对成功的课程业务是非常重要的，他想为学生提供他所追求的满意体验。他知道，关于高尔夫挥杆的知识能够为学生提供解决问题的方案。但他也明白，如果没有能力与每个学生进行适当的交流，那么这些就没有多大的价值。他希望每个学生都是一个挑战，但他也希望能够帮助每一个学生。

每个人都有一定的标准，他们将其与高质量的高尔夫课程经验联系起来。每个人都认为课程应该以商业的方式进行。这要看专业人士是否达到或超过了这些标准。

旁观者并不一定清楚自己想要什么，除了足够的信息来帮助他决定是否参加高尔夫课，或者向碰巧在高尔夫球上挣扎的朋友推荐。他的意见主要是基于他观察到的学生和教练之间的互动。同样，这取决于专业人士提供正确的互动让其他人看到。

第二章 卓越教学的特质

◎ 介绍

早些时候，我们讨论了教学专业人员的不同级别（新手到专家），并考察了教练在每个不同阶段的能力，总结了这些方面的知识和在短时间内诊断问题的能力，以及应用正确的技术进行纠正。

我们将在本节中提到的杰出教练不一定是最有知识或最有经验的，而是具有一定的品质和特点。这些特点使他们能够为任何学生提供高质量的课程。一名优秀的高尔夫教练都属于"整体远大于部分之和"的个体。卓越的高尔夫教练所拥有的不只是知识和经验，也不只是当学生们努力把这项运动打得更好时，将这些信息传达给学生的方式，而是所有因素的综合。

当评判一个优秀的教练时，看重的要素是知识、经验、组织、沟通以及学生的积极性。作为一名优秀的高尔夫教练，有能力识别错误的来源。在解决问题时回忆知识的解决方案，组织改进计划，并引导学生更好的运动……不一定是通过完美的挥杆。这也是一个让学生充分了解高尔夫运动的过程，当结果不符合预期时，他们能够在球场上对自己的运动表现做出调整。理解学生，热情地传达正确的概念，诚实地对待期望，在激励和引导学生完成必要的改变的同时，表现出耐心，并认识到自己作为一名教练的不足，并以最高的热情和专业精神来完成这一切，以最大程度地造福学生。这些都是区别优秀教练与普通教练的要素。

◎ 课程的开始

优秀的教练以提问的方式建立与学生的联系，他想获得尽可能多的关于这个学生的信息。首先，他可能会让学生填写个人资料表格，也可能会在观看学生热身时问一些问题。其次，教练需要了解学生的下列情况：当前能力、接触高尔夫的时间、以前的课程、强项、弱项、身体状况以及任何健康问题、球杆规格、不同球杆的击球方式。他需要通过学生参加过的其他运动来了解学生的运动能力。某些类型的杆类和球类运动需要不同类型的运动，优秀的教练可以解释高尔夫运动与其他运动的相似之处和不同之处。最后，教练一开始应该收集学生获得的实际的高尔夫知识。这在学习过程中是至关重要的，因为教练将学生带入高水平阶段，他们需要了解如何针对学生的动作进行调整。

他还需要了解学生的运动目标，他有多少时间打球和练习，以及学生是哪种类型的学习者。在随意的交谈中，他也会想知道学生的专业或工作。他也可能会询问一些可能打高尔夫球的家人和朋友，以更好地了解这个人，并表明他对这个学生的个人感兴趣，而不仅仅是一节付费课程。

在这一点上，优秀的教练才会比一般的教练领先一步。他会把从学生那里收集到的所有信息在头脑中做出一个广泛的总结：关于学生在他们的高尔夫运动中真正想要的是什么，以及他们为了成为更好的球员而做出改变的实际动机。学生可能会在他的描述中了解到非常接近他们的比赛的某些部分，但可能不理解在高尔夫运动中使某些部分比其他部分更糟糕的潜在问题。在这一阶段，教练需要制订一个改进计划，以匹配学生的能力、愿望以及时间来实践任何变化，这些需要纳入他们的高尔夫挥杆训练。第一次评估将确保教练从一个基点来对学生进行评估，然后随着学生上更多的课并努力做出所需的改变。对于很多学生来说，他们能够坚持下来并做出改变，但是可能有更多的学生课堂上做出口头承诺，然后发现自己无法遵守最初设定的时间要求。优秀的教练会意识到这种情况并对学生的计划做出调整，使其更接近他们的现实情况。

◎ 知识库

优秀的教练一直是这项运动的学生，他在生物力学知识（身体的运动）和与高尔夫挥杆有关的人类表现方面的知识是相当广泛的。他有规律、原则和喜好方面的专业理论知识，允许变化的高尔夫运动，同时产生高质量的高尔夫击球。他紧跟新技术的步伐，这些新技术提供了有关击球瞬间发生的物理现象的最新信息。（图 2.1）

尽管早期的技术在当时很好，但与今天可以找到的高速视频、雷达和其他传感器技术相比，它们是过时的。当他回顾整个动作时，教练的经验允许他剖析动作的不同部分，并继续执行一个将为学生提供打好高尔夫的长期解决方案的计划。

不管这堂课是长打还是短击，教练可以使用视频，或者用他训练有素的眼睛，或者结合两者来评估学生的动作。当他看到这个过程时，他应该继续作为一个从他学生那里所得到的信息以及他在这个过程中看到的东西的提问者来作出提问。教练多年来积累的生物力学和人类在高尔夫运动中的表现的知识将使他能快速诊断学生的问题。了解学生高尔夫挥杆某些模式的来源，有助于找到最有益的解决方案。教练知道运动模式通常是建立在他参加过的其他运动或活动中，或建立在他为提高高尔夫球水平而进行的训练中——无论正确与否。通过使用他从多年教学经验中发展出来的评估和直觉技能，教练可能对那些需要问学生的问题已经有了自己的答案。他的前提应该由学生来证实或否定。通过了解学生在他的高尔夫运动中如何达到一个特定的点，教练可能更容易让学生做出所需的纠正。

优秀的教练与不同能力水平的学生打交道的经验会让他确切地知道学生需要付出多少努力才能做出质的改变。根据学生的能力、提高的意愿以及练习和运动时间的可用性，教练可以通过一个有组织的计划来指导学生，包括有一个明确的时间框架，来实现所要达到的具体目标。这个计划应该是学生和教练共同决定的，教练应该扮演现实主义者的角色，一旦制订了计划，教练就能够准确地评估学生的进步情况，并根据具体目标的实现做出必要的修改。（图 2.2）

图 2.1　在开始上课之前，在对话中使用开放式问题可以让学生对他的运动的不同方面发表评论，为教练提供有关他需要采取的方向的重要信息

图 2.2　现今很多的教练总是使用视频，而其他教练更喜欢在让学生做改变的时候少量使用视频

◎组织与理解

优秀的教练将与学生一起在一段时间内建立具体的目标。大多数球员只是想变得更好，他们并不总是想成为一名高尔夫职业球员。教练需要提供一个计划，让学生尽快达到他最直接的目标。这并不意味着只提供一些技巧，而是意味着不是所有的学生都希望完全重建他们的高尔夫球技。教练需要引导学生向良好的方面发展，而不是一味地引导学生完善高尔夫运动的基本原理和原则。在早期发展和变化的这个阶段，教练要让学生致力于纠正高尔夫运动中那些对于持续运动属于"不可接受的"类别的要素，但是他不需要为学生做决定，是否要把他变成下一个老虎伍兹，那将是学生自己的选择。（图 2.3）

优秀的教练会设计出一个计划。这个计划有一个标量的变化序列，它能让学生在合理

图 2.3　收集学生在知识、体能、限制方面的信息以及期望的目标是教练必要的第一步

的时间内更好地发挥。让学生在高尔夫球场上打出更少杆数是优秀教练的目标，而不是让学生做出完美的挥杆动作。当学生发现他自己确实有一定的能力时，这更容易让教练激励学生精进打球技术。当他把学生推向更好的水平时，这些变化将变成轻微的调整，学生将会更自然地将它们作为他的高尔夫运动的一部分。

◎ 交流知识

优秀的教练最重要的特点也许是他的沟通技巧。拥有知识和经验是成为一名优秀教练非常重要的一部分，但如果教练不能对学生当前的运动做出可令其理解的评估，即所需要的合理的变化、所需要练习的类型和需要付出的大量努力、需要用大量的时间来完成的改变，学生就可能对这个课程产生很大的误解。教练需要用正确的语气和教学水准来传达信息，这样学生就能清楚地知道需要做什么来提高自己的水平。

教练需要了解他的学生中学习者的类型，例如听觉型、视觉型还是动觉型学习者。很多时候，学生们会因为太复杂的解释或太困难的动作而感到沮丧。优秀的教练将提供简化的解释，并与其他运动进行比喻或比较。他会抓住学生过去经历过的活动，并将当前的变化与他所能产生的最相似的变化联系起来。

教练在传授自己的大量知识时，最重要的一个部分是认识到学生所不具备的大量信息。他还必须识别学生掌握的知识，尤其是那些不正确的知识。教练需要在教学过程中全神贯注。首先，他需要倾听学生的评价和其对问题的回应；其次，他还需要"用眼睛倾听"，并观察学生在他说话时的反应。通常情况下，这两种反应并不匹配。通过看和听，教练可以快速纠正学生可能存在但不承认的任何误解。

教练需要为学生提供他所期望的变化顺序的信息。他需要解释当学生开始做出改变时会出现的积极因素，但他也需要提到将会在这个过程中出现的消极因素。在提到消极因素的时候，教练应该给学生提供练习和积极的想法。这将减少挫折的机会，并为学生提供一个持续改进的计划。优秀的教练会在课间定期与学生保持联系，了解学生的进步，并回答学生在离开教练一段时间后可能产生的任何问题或误解。

◎领导者和激励者

　　尽管教练会帮助学生设定目标，但他知道自己需要发挥带头作用，并说服学生他必须做什么才能取得进步。教练已经对学生的动作进行了分析，制订了一个基于具体目标的共识的进度计划，并与学生交流了怎样成为一个更好的球员的信息。然而，通常情况下，这些还不足以让学生开始全心全意地提高自己。在这些情况下，优秀的教练将是领导者。

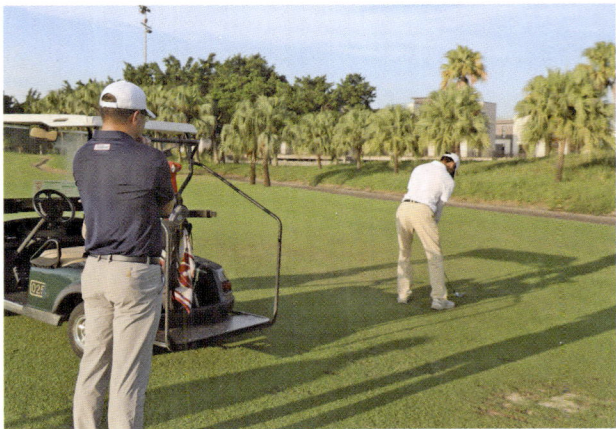

图2.4　一旦学生的运动达到了一定的水平，教练授课的重点将是解决球员在比赛中的得分问题

他需要找到不同的方法来引导学生遵循指定的运动计划。他将在头脑中设计一个让学生能够接受的计划。当我们使用当前高尔夫大师们宣称的最佳策略——改善心理游戏的定义策略时，优秀的教练将引导学生沿着选定的道路前进。（图2.4）

　　认识到并不是每个学生都有所有的工具来达到他们期望的理想目标，专业人士以导师和教练的身份向学生伸出援手，为他们提供成功的最佳机会。作为导师，教练提供建议，当众检查，并在课间找出时间回答学生的任何问题。他会找到一种方法，在学生练习或打球时花几分钟时间与他交流，对他的进步提供积极的评价。教练知道学生在学习过程中会经历停滞期，并且知道它们何时会出现。在这些平缓的时期，他的鼓励将决定学生是否继续花费精力和努力来提高他的高尔夫球技。优秀的教练将使用这些工具来确定学生何时准备好或需要另一节课程。

◎高尔夫的整体概念

　　优秀的教练知道，高尔夫运动不只是挥杆的精确度，它是所有不同部分的结合：全挥杆、短击、推杆、策略、一致性、身体能力、心理韧性甚至装备的规格。当他与学生一起提高他的运动水平时，他不会漏掉任何上述部分。球员可能在球场上挥杆很好，但无法处理比赛和得分带来的压力。教练将帮助学生找到能力与气质相匹配的方法，以产生最佳的组合得分。教学生打不同类型的球以及何时使用这些球将会把优秀教练与普通教练区别开来。帮助学生找到正确的适配水平，并围绕它制订策略，这是一个高素质教练能为学生做

的最有益的事情之一。想办法让学生把球从高尔夫球钉上打到球道上，帮助学生理解不同类型的短击之间细微的差别，教他们观察果岭，识别斜坡和坡度的不同，这些只是优秀教练将其融入教学过程中的关于打球部分的一些额外内容。不同类型的地形和斜坡，以及风和海拔变化的影响，是教练加进课程里的一些其他要素。

◎ 谦逊和缺点

我们前面提到过，最优秀的教练并不总是最有知识或经验的。然而，那些最好的教练会准确地意识到他们知道什么和不知道什么。他们明白他们的职责是为学生提供他们能够给予的最好的指导。这些教练从未放弃学习，因为他们知道，他们将有一个或多个学生是他们帮助不了的，无论是从学生的特殊水平的提高，还是那些他们无法找到正确方法的人。这些教练会向学生推荐他们认为最有可能给学生提供持续成功机会的人。他们不害怕，也不羞于承认，他们做了所能做的，但他们会为学生找到答案。

他们将把它视为知识和经验的另一个阶段，他们将努力确保，如果类似的情况再次发生，他们将做好准备。

优秀的教练会把每一节课都看作他们和学生之间的团队合作。在展示这种谦逊的同时，教练会用他的耳朵和眼睛来倾听学生的意见。不论是当学生理解信息时，还是当他们遇到困难时，教练都会从自己的教学经历中学习。教练会根据学生的水平修改信息。他上课并不是为了展示自己在高尔夫挥杆方面的渊博知识，他每节课都是为了帮助学生理解和纠正学生在高尔夫运动中遇到的错误。通过灵活地与学生一起作为学习团队的主要部分，优秀的教练能够为学生匹配到一个将为学生提供最大利益的计划。

◎ 永恒的激情

教练无法隐藏的一个特点是，他会在课程中表现出对运动的热情。对于优秀的教练来说，上课期间发生的任何事情都不会是令人沮丧的经历；它只是用来取得进步的反馈。优秀的教练会从学生的每一个挥杆或动作中看到益处。当学生做出正确的动作时，他会表现出兴奋；当一切还有些不对劲时，他会表现出耐心。优秀的教练对这项运动和学生的努力有着内在的能量。他渴望找到一种方法使这个学生成为一个更好的球员。能否认识到学生所面临的困难以及学生所付出的努力，会将杰出的教练与一般的教练区分开来。

教练对打球的热情体现在他的教学过程中，他是站在一边和学生说话，还是通过视觉和动觉的表现积极地参与到学生中。专业人士展示的能量会在教练的话语和语气中明显地体现出来。对学生来说，一个优秀的教练对运动的热情不是给学生做表演，它来自看到学生在运动中找到乐趣的真实愿望。教练将尽其所能确保学生在高尔夫比赛中取得长远的进步。

◎他人的认可

　　尽管可信度不是一种可以作为人类特征表现出来的品质，但是它在描述一位优秀的教练时非常重要。它能够带领学生人新手到中级水平，或从中级水平到高级水平阶段的教练会获得这样的认可："这个教练了解高尔夫运动，了解想要打高尔夫的人。"他可能不会像每个人想要提高的那样迅速地帮助他们，但他会在一个符合他们能力的时间框架内引导他们走在正确的方向上。有些教练可能通过与一个成熟的球员合作，在短时间内把他们从非常优秀的球员培养成伟大的球员，从而快速提高这种可信度。然而，大多数情况下，情况并非如此。为了获得很高的可信度，教练需要有一批在高尔夫运动中取得成功的学生。可信度从最初级的课程开始，随着教练拥有越来越多的成功学生而不断增长。这一过程通常需要数年时间才能达到顶峰。口碑是最好的广告，因为高可信度是与优秀的教练相联系的。在当地、其他地区或国家活动中成绩优异的学生将被列入教练的档案。学生会高度评价他们的教练和导师；那些在场外的人会注意到教练和学生一起工作，并像其他人一样高度评价教练和球员。有了这些好或坏的名声后，教练也必须更谨慎和小心，因为即使是最好的教练也有失败的时候。提供一种适合所有人的教学方法的教练肯定会成功，但那些能够适应各种学员的愿望和能力的教练才是值得长期信赖的。

◎总结

　　优秀的教练将利用他所拥有的知识和经验来分析学生的高尔夫运动，对症下药，同时以学生能清楚理解的方式进行沟通与交流。他会为学生提供一个有规划的改进提高计划，并提供高水平的支持。他将与学生在打高尔夫球的各个方面进行合作，而不仅仅是用高尔夫球杆进行全面分析。他以学生为中心，利用现有的资源为学生提供最佳的成功机会。优秀的教练不满足于已有的成绩，他会照顾那些寻求他帮助的人，他也会寻找那些需要帮助的人。

第三章 学习的方式

◎ 上课或学习

前面我们讨论了从新手到专家的教学专业水平。我们也提到了学生和专业人士的期望和标准。我们详细介绍了一名出色的高尔夫教练的特质，并介绍了提供高质量课程的程序。我们曾提到每个学生都与其他学生有所不同，不只是在学习高尔夫运动的欲望和能力上，更重要的是他们收集、巩固和使用高尔夫专业人士试图提供给他们的信息的方式不同。专业人士需要能够认识到学生身上正在发生的过程，并找到一种方法，将信息的传递与学生自己独特的吸收信息的方式相匹配，使其成为有用的形式。每个专业人士在他们的教学生涯中都不止一次地看着学生，并且非常清楚地知道最后的五分钟根本没有被理解。

◎ 学习类型

随着教练从新手到专家的转变，他学会了确定不同学生如何处理信息。在基本的理解形式中，专业人士应该在课程的早期使用几种不同的传递方法来确定学生是语言型学习者、听觉型学习者、视觉型学习者，还是必须通过练习亲身体验动作的动觉型学习者。尽管个人可能对信息的传递方式有偏好，但大多数人在不同类型线索的组合下会做得很好，大多数学生在听到一个概念时都有一定程度的理解能力。增加视觉效果会增加学生理解意思的能力。通过动作来培养学生的感觉，往往能完成学生的感知，并让他们以更高的水平和更快的速度前进。

学习经历中其他的一些考虑因素会由学生是左脑学习者还是右脑学习者来决定，如图3.1所示。使用具体的细节来教学对一些学生来说效果很好，而另一些学生则更希望教练画出一幅完整的过程图。有些人更喜欢常识，想要一个基本的信息方法，而其他人是创新的，希望运动与他们熟悉的东西有关。一些学生希望动态地参与到特定的自我体验中，而一些分析类型需要教练对运动中发生的每一个细节进行深入的解释。高尔夫球教学从来就不只有运动的"细节"。更重要的是，它涉及与学生交流的概念以获得理解。认识到学生学习风格的差异是实现这一目标的第一步。

听觉型学习者约占总人口的20%。他们可能会阅读信息，但不能真正理解它，直到他们在上下文中用正确的语调听到它。他们非常擅长把听到的东西写下来。当他们试图记住所听到的内容时，他们可能会在重复时动嘴唇。听觉型学习者会经常重复一个陈述，以确保他们听到的是正确的。

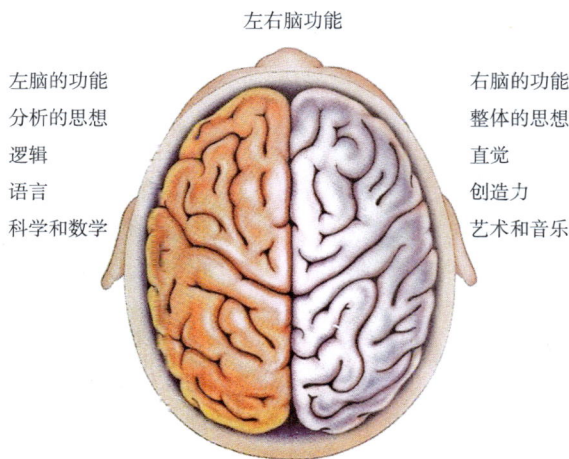

左右脑功能

左脑的功能
分析的思想
逻辑
语言
科学和数学

右脑的功能
整体的思想
直觉
创造力
艺术和音乐

图 3.1　大脑的不同部位有不同的功能

视觉学习者能将想法、概念和数据与图像和技术联系起来。他们对图片和演示反应良好。在教授视觉学习者时，口头交流应该保持在最低限度。教练通常在进行演示或使用引导或线条来引导学生的注意力时获得良好的效果。

动觉学习要求学生进行身体活动，而不是听解释或看演示。令人惊讶的是，经研究这个群体只占总人口的 15% 左右。当他们被要求了解或听解释时，他们似乎不能很快地掌握知识。动觉学习者在体育活动和表演方面表现出很高的成就。他们倾向于一次性关注不止一项活动，并通过回忆自己的身体在特定时间在做什么来记住这些信息。他们的手眼协调能力也很高。

对学生来说，另一个复杂的点在于他们是左脑导向还是右脑导向。当你打高尔夫球时，这与你用哪只手或站在球的哪一边没有任何关系。左脑导向的人表现出一种有条理的感觉，他们是时间和顺序导向的。他们通常擅长数学以及拼写和语法等概念，给出指示的时候也会很明确。左脑导向的人会从一开始就努力工作，他们会列清单，得出的结论是合乎逻辑的。左脑导向的学生在某种意义上是基于现实的。他们学会适应环境，而不是试图改变它。他们想要有规则，如果没有的话，他们通常会自己制订规则。

建议教练为左脑导向的学生设计一个结构化的课程，有一个起始点和结束点，以及从点 A 到点 B 的一系列正确的步骤。对目的的解释将帮助教练为这类学生达到正确的动机水平。（图 3.2）

图 3.2　使用能给学生提供感觉的练习

倾向于右半球大脑导向的学生喜欢在回去把碎片放回原位之前看到最终结果。对这个学生来说，"全局"是最重要的要素。右脑导向的学生在掌握正确动作之前可能会经历一系列不相关的动作。他是一个需要亲身经历这个过程的人。他的决策倾向于抽象，更多地基于直觉而不是可靠的事实。他会做"感觉对的"事情。右脑导向的学生将更多地依靠视觉确认来记忆事物。右脑导向的学生将尝试改变世界以适应正在发生的事情。他很有创造力，当他全程投入时，他会很好地记住事情。

右脑导向的人给高尔夫教练提供了另一种挑战。图片和击球模式的照片可能是让这个人走向正确道路的最佳方法。这个人取得更高成就的另一种激励方法则是首先告诉他们结果，然后让他们自己想好如何开始。右脑导向的学生可能不会花很多时间进行练习，但会努力在高尔夫球场上取得成绩。让他们积极地参与到实现目标的过程中可能是激励这类人的最好方法。

◎学习类别

考虑到学习的类型的四种差异可能就是高尔夫专业人士需要适应的全部，我们将学习的类别分成四类：创新类、分析类、常识类和动态类。有创新精神的学习者想知道"为什么"，这样他们就可以亲自参与学习过程。通常，他们会从不同的角度来看待一个具体的情况，然后根据自己的经验来理解它，与创新学习者一起工作的教练需要做好充分的解释准备，然后准备好回答有关这个过程的深入问题。如果不能提供信息，不让学生表达自己的想法，那么教练就会疑惑为什么这个学生要去其他地方完成他们的高尔夫课程。

分析类学习者不会完全专注于"为什么"，而是需要理解"是什么"。这种学习者想要所有的事实，特别是从专家那里，他们会比创新的学习者更多地质疑和批评信息，但只要证明正确，他们会欣然接受结果。分析类学习者非常适合博士授课的课堂。他们是很好的倾听者并且不会遗漏重点。高尔夫教练需要远离单纯的图像，并关注运动的本质。他会清楚，如果表现有质量，那么结果也会有质量。一个有序，有组织的课程是教练指导分析型学习者的最佳途径。

当涉及"常识类学习者"时，让学生作出行动，而不是空谈，才是最佳方法。应用和可用性是这类学习者的代名词，神秘主义和魔法对以常识为基础的学习者没有任何影响。如果他们不明白它是如何工作的，他们就不会花时间去学习如何应用它。即使他们可能会要求解释某物是如何工作的，他们也更倾向于只听其工作原理的第一部分，然后自己解决剩下的部分。这些人以现实为基础，职业通常为工程师、护士、技术人员和科学家。教练应该提供足够的信息来创建一个基础，然后给学生一个提出解决方案的机会。常识类学习者会把它分解成最简单的部分，在他们自己的世界里创造出最富有成效的结果。

"动态类学习者"是这样的：当你提供一套原则时，他们会非常积极地发掘一切可能性。天性使然，他们会为自己遇到的任何项目增添才华。他们会达到一个成就点，然后试图扩展它。多样性和灵活性吸引了这类学习者的注意力。教练需要为他们提供动作的基础，然后让他们用不同的练习方式或击球动作进行实验，让他们看到结果的异同。

◎总结

教练需要认识到，教学的结果是由学生的满意度来衡量的。在提升他的能力以接触到所有不同类型的学习者的过程中，专业的教练已经开始从有能力和能干的指导者过渡到专家的水平。将传递信息的方式与学生特定的学习风格相匹配，不仅可以使课程质量更高，而且可以使课程更有效，使学生更满意。教练需要学会了解学生的风格，然后以一种将为学生产生最佳体验的方式进行教学。教练需要做的一件事就是随机应变。许多学习风格是重叠的，教练可能会对学生的学习风格做出错误的假设；如果学生表现出一种茫然的凝视或"惊慌失措"的表情时，他需要去改变教学方针和方法。经验是唯一的答案，并且在某些时候，现有的经验是不够的。

第四章 高尔夫课程教学的步骤

◎介绍

随着视频分析软件的出现和媒体对职业高尔夫赛事的报道，很多刚接触高尔夫运动的人开始从高尔夫专业人士那里学习。美国职业高尔夫球员协会有超过 8 000 名专业人士。世界高尔夫教学联合会是一个相对较新的组织，在 35 个不同的国家拥有超过 1.8 万名成员。欧洲、亚洲和澳大利亚的职业高尔夫球员协会加入其中。有这么多人为高尔夫球手提供课程，专业方面处理课程的方式可能会有很大的不同。

在前面的章节中，我们谈到了学生或客户的期望。在提供高质量的高尔夫课程时，顾客的体验是最重要的。当客户决定他想要或需要一个教学课程时，他的体验就开始了。在前面关于学生类型的章节中提到了可能报名课程的各种各样的学生。在这个时候，学生获得全面服务的专业经验是很重要的。无论与学生的第一次接触是教练本人，还是高尔夫球场的工作人员，或者是专业人员雇用的管理人员，教学专业人员都需要建立一套标准化的程序来收集信息并与顾客互动，这些程序将在所有课程中遵循。

◎安排课程

这里有一个更好的方法，预约人员可以访问一个数据库，让他们知道这个客户是再次学习的人还是第一次接触这项运动的人。通过访问数据库，预约人员可以为新生填写或更新初步信息和他的学习记录。在没有数据库访问权限的情况下，预约人员应该有用于登记新生的纸质档案的现成的表格，以及为培训中的学生打造的专业笔记。新生应该提供人口资料并指出他们在高尔夫运动中需要获得帮助的领域。培训中的学生可能想要添加一些关于他们课程目的的细节。所有这些信息都应该在上课前由专业人员进行回顾。（图 4.1）

一旦提出问题并确定上课时间，应向客户提供有关上课的信息。新生需要一些关于方向的建议，包括去球场的路线、任何可能适用的政策、停车的地方、球场里面上课的地点（如果他们不熟悉球场的布局）、是练习场还是推杆果岭，以及他们到达球场时需要遵循的程序。这些步骤包括填写一份个人资料，为教练提供他开始课程和为课程热身所需的背景资料。个人资料应包括关于个人的高尔夫球历史：时间、差点指数、最低杆数、以前接触过的课程、装备、击球模式、对该运动不同部分的掌握程度等。再次学习的学生可能要被提醒一些事项，尤其是那些与准备课程有关的事项。（图 4.2）

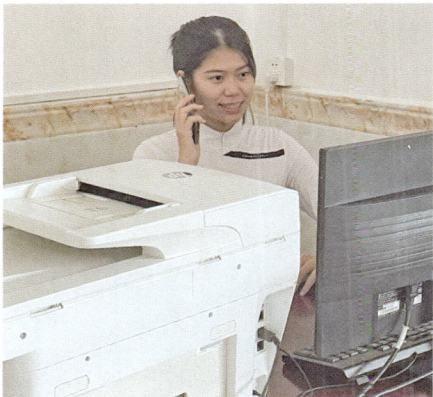

图 4.1　预约课程的专业人员有一个乐于助人的愉快举止是非常重要的

图 4.2　迎接学生的到来是确保他们有一个愉快经历的第二步

◎ 学生到来

一些教练认为，如果他们上了一堂好课，学生就会有很好的体验，但事实并非总是如此（图 4.2）。学生的体验从他们开车进入设施开始，一直持续到他们开车离开。这对新生来说尤其重要。如果学生被告知要去哪里，要见谁，那么整个经历就会以积极的方式开始。同时，要确保球场内外的工作人员都知道有学生来上课。

每一位教练都要与场所内的其他工作人员保持一致，这是至关重要的。其他工作人员应该知道他们的教学风格、教学理念、上课时间、每个教练的收费、可用的时间长度和时间框架以及学生可能有疑问的任何其他细节。了解这些信息将使高尔夫商店到球场的过渡更加容易。此外，还有其他同事为教练销售课程。如同向工作人员提供一天的课程清单一样，这种简单的事情是一个非常小的任务，但它经常被忽视。信息和员工培训的缺乏会给学生造成困惑，给他们留下不好的印象。请记住，指导学生是一项团队工作，但团队中的大多数人甚至没有参与到教学中。

新生需要完成一份个人简介，当他们完成表的时候，应该留出一个安静的地方，让他们坐下来思考问题。同时，这份表里应包括有关个人高尔夫历史的问题：打球水平、身体限制、其他运动、课程、练习习惯、比赛评估、学习类型和比赛目标。

在本章的后面可以找到一个简单的例子。一般来说，教练对新生应该安排较长的课程。

这让教练有时间和学生谈论学生的自我评估。这个过程可以用来培养学生和教练之间相处到一个舒适水平。更重要的是，额外的时间可以进行开放的对话，在这场对话中，可以开始讨论在时间限制的现实下平衡的目标。

一旦表格完成，应该向学生询问他正在学习的课程类型：全挥杆、短杆、推杆或下场。然后，学生应该被引导到适当的区域来热身和准备开始课程。这时，合适的做法是提及教练的位置，并向他们保证，在他们抵达之后会通知教练。与学生进行简短地一般性交谈，在他们和教学机构之间创造一个舒适的氛围。（图 4.3）

图 4.3　向学生传达授课地点和授课教练的状态将为课程提供专业氛围

个人简介应与个人的简短描述一起递交给专业人士，包括他们的着装。教练应向工作人员提供目前可能需要遵循的进一步指示。对再次来学习的学生，除填写个人资料外，其他所有程序都必须遵守。

◎ 问候学生

专业人士应该尽量在预定的上课时间前几分钟与学生见面。他应该已经阅读了学生的简介，并计划好了需要问学生的问题。最好是在学生还在做一些热身击球的时候，专业人士就已经到了。这让他有机会观察学生在一个更放松的环境中挥杆动作，而不是在课堂上。

使用个人资料作为提示，专业人士可以引导对话，以获得他认为进行富有成效的课程所必需的信息。最重要的背景信息是学生可能存在的任何健康问题，找出当前和过去的受伤情况是至关重要的，这样学生就不会被指示做出可能加重或导致伤害的举动。此时，专业人士需要查看一下个人的球杆。通过肉眼检查杆长、杆身、握把大小和磨损程度以及杆面的撞击模式，并决定是否需要对设备进行更仔细的检查。这也是一个很好的开场白，了解他们是如何获得设备的，以及是否是在合适后购买的。（图4.4）

专业人士应该最后确认这个人想要的课程类型，以及他们在这个课程中可能有的特定目标。当二人移动到课程区域时，教练应该跟进他可能对学生提出的任何问题，包括学生可能有过的任何高尔夫课程，或者学生试图融入高尔夫挥杆的想法或动作。

◎ 在发球台上

专业人士应为学生准备好教学区域。如果要使用视频，应设置教学辅助工具，并准备好备课笔记和复习表格以及工作笔记。在课程开始时，专业人士需要从至少两个不同的角度来检查学生。第一种是"正面"视角，为教练提供握杆、球的位置、脊柱角度、挥杆中心、挥杆时的身体旋转、弧度宽度和长度、杠杆系统、连接、释放、冲击和动态平衡等信息。第二种是"侧面"视角，教练可检测学生身体姿态、挥杆平面、位置、弧度、挥杆中心、释放、冲击和动态平衡。

视频让识别错误变得更容易，但它也会让教学变得更复杂。视频为教练和学生提供了教学资料，指明了学生动作中所有优点和缺点。教练应该始终关注动作的积极方面，并引导学生将注意力集中到本节课的注意事项上。教练甚至可以限制刚开始练习的球手只看球杆设置的图像，直到他们完全掌握了这部分的球技。在学习过程中，过多的信息对学生来说是百害而无一利的。（图4.5）

图 4.4　在学生热身时检查球杆上的磨损程度，有助于确定球杆球杆是否合适，并为专业教练提供一些关于学生高尔夫动作的线索

图 4.5　教练需要为课程做好准备，方便使用所有可能需要帮助学生理解概念和动作变化的教学辅助工具

每一杆好球都是由适当的球杆力学产生的。毕竟，只有杆面与高尔夫球接触，适当的杆面力学是由适当的身体力学序列产生的。学生可以在适当地调整不适当的力学情况下打出高尔夫球，也可以在适当的力学调整不适当的情况下打出糟糕的高尔夫球。教练必须区分这两种情况，并根据学生的高尔夫球水平、身体能力以及可供练习和打球的时间，对学生的目标进行相应的纠正。根据学生的不同，课程可能是一种纠正措施，将提供短期、一致，但低水平的结果，或者它可能是一个发展过程，将导致长期、一致的高水平结果。

◎纠正错误

纠正学生错误动作的第一步是确定问题的真正原因。这比看起来要困难得多。太多的新手教练试图解决的结果或动作是产生于一个更深的、潜在的因素。教练应该尝试去发现创造这个最终结果的最初的运动或肌肉的激活。很多时候，教练需要后退几个步骤或层次来做出正确的诊断，需要让学生意识到问题的"根源"，以及一旦实施纠正，结果将如何变化。（图4.6）

识别学生的学习类型将是应用矫正措施的一个重要因素。视觉型、语言型（口头型）和动觉型学习者都需要不同的刺激来达到最佳效果。教练必须准备好演示所需的动作，详细解释，然后提供练习，使学生能够感觉或感受到动作。概述具体问题和纠正方法的讲义对学生来说是很好的参考资料。让学生用语言表达并准确地写下他们对变化或运动的看法，是让学生保持在正确轨道上的另一种方法。随着当今科技的发展，互联网上的课程总结和练习过程的演示可能会使记笔记的过程过时。

在纠正过程中，教练需要不断地赞扬学生的进步，而不是对每一个挥杆都发表评论——在一节课中只应该介绍有限的信息。引导学生理解需要评估的是平均的改变，而不是每一个单独的改变，这将是一个相当大的挑战。通过处理平均值，教练可以减少信息过载的可能性。他还可以让学生的注意力集中在一个小得多的参考点上。与学生一起制订短期和长期目标，也会消除学生对自己进步不够快的恐惧。教练还需要保持耐心，并记住他们并非都是强大的，不管他们知道多少，仍然是学生，必须让动作发挥作用。无论是纠正措施还是涉及长期发展的措施，教练都需要坚持良好的基础来支撑学生动作的不同元素。（图4.7）

图 4.6　纠正学生的错误应该遵循学生学习风格的模式

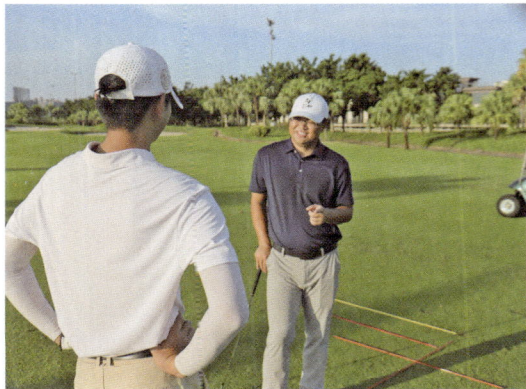
图 4.7　对球员的倾向和期望的纠正进行总结是很重要的

◎结束课程并跟进

在结束课程时应该留出足够的时间来完成对所涵盖的主要内容的全面回顾。教练需要通过让学生用自己的话重复需要实施的改变，改变的原因以及超出预期的结果来检查学生的理解，让他们提到任何可以帮助他们在这段变化时间的练习也是很好的。教师为学生提供一张表，让他们用自己的话写下这些信息，将对实施这些挥杆改变方面将产生积极的效果。

最近在课程总结方面的创新之一是网络课程的出现。例如 V1 高尔夫挥杆分析软件的制造商开发了一个程序，允许教练为学生制作一份简短的课程总结，可以从互联网上下载到电脑或其他便携式设备上观看，在方便的时候提供复习，可以让学生"记住"课程的重要部分，并针对这些领域进行练习。（图 4.8）

图 4.8　当教练使用挥杆分析软件（如 V1 教学软件）创建网络课程时，智能手机的视频功能让学生更容易访问课程的总结

教练必须让学生意识到努力是成为一个更好的高尔夫球手的魔法。教练需要为学生提供一张练习时间表，包括击球练习和非击球练习。练习的重要概念是他们需要利用尽可能多的完整动作。最近的研究总结指出，只处理一部分动作的练习不容易转化为从练习场发球台到球场的整个动作。在教练缺席的情况下，与预期结果相匹配的不同活动的组合为学生提供了自己的参考点。

在与学生从指导员成为教练关系的这一阶段，第一步是设置后续课程，让学生回顾正在取得的进展。在此期间，教练需要与学生进行某种形式的接触。通过给予学生大量的鼓励和动力，或许会让学生更倾向于遵循他们的练习计划。电话是最传统的联系方式，但随着今天许多人繁忙的日程安排，网络社交平台聊天和电子邮件已经占据了我们与他人交流的很大一部分。教练尝试各种的方法来找出学生最喜欢的交流方式是正确的。这种临时的联系可能会使教练发现有必要更早地跟进课程，并说明学生在上一节课中可能遇到的问题。

◎总结

在为学生提供高尔夫教学时，诚信和专业是最重要的。通过一个结构化的课程流程，从学生为课程预留时间到课程结束，教学专业人员将自己塑造成一个训练有素的专业人士，一个真正关心客户的商务人士。这个过程对教练的价值可能是巨大的，因为教学专业人员可以从这个人以及他的朋友和熟人那里获得持续的业务。

第五章 课程的结构

◎ 介绍

一个人在上课时最不满意的经历之一就是准备开始改进他们的运动技术时，"专业人士"因为其他课程而迟到，或者他冲出来快速设置视频，从学生那里夺走几分钟宝贵的上课时间。我们之前提到过，专业人士需要保持专业，从学生到达球会俱乐部到他离开停车场，专业人士应该尽其所能地确保学生获得积极的体验。

在前面的章节中，我们讨论了教练在收集初步信息方面的责任，以及他们在上课前应该与学生进行讨论。下一步，教练需要确定的是课程如何组织。学生可以参加的不同课程要有不同类型的教学结构。有很多的可能性，并不能科学地证明任何一种方式会比其他任何一种方式好得多。我们将提供一些建议的模式或过程，然后为学生提供可以使用它们的不同情况。这将取决于学生，让教练找到最适合学生的设施。

我们将讨论一次性课程（关于留住学生章节有望帮助教练将这些课程转变为多次访问）、短期和长期项目的初始课程、项目中的后续课程。归类为团体的课程——既有示范，也有参与，多个特别课程，如入门课程、延续课程、集团项目课程以及球场课程等。

专业人士在所有课程中都应该具备一些要素。首先，教学站应该建立在一个没有其他成员或客人打扰的地方。理想情况下，一个单独的教学台可以让学生感觉自己就像站在射击场中间。其次，最好的选择是在发球台的一侧设置一块孤立的区域，专业人士可以在那里封锁一个足够大的区域，在没有其他人打扰的情况下进行视频播放、练习和交谈。教练需要考虑的一个问题是，如果需要录像，应该避免或尽量减少其他球员在背景中走动或摆动。这减少了屏幕上的"噪声"，让学生只关注自己的动作和教练提供的信息。（图 5.1）必须使用教学辅助工具来强调动作和说明可能出现的挥杆错误所需的练习。如果学生自己的球

图 5.1　专业教学站应该建立在一个与其他区域分开的地方，这样能避免使用视频分析挥杆动作时被干扰

杆太不适合正确的姿势和动作，教练应尽可能提供合适的球杆来完成课程。合适的球杆是帮助学生提高运动技术不可缺少的武器，当个人接近做出正确的动作时，才会获得最准确的评估。

◎ 一次性课程

尽管这种可能性总是存在的，但是一个专业教练不喜欢给任何一个人只上一节课。一个人只想上一节课的原因可能有很多：一个即将到来的商务或社交活动，几乎没有练习；旅游的第一天打高尔夫，打得很差后想在结束旅游的最后一天打得好点；可能是来自"高尔夫伙伴"的推荐；或者是第一次接触，以确定该人是否愿意与专业人士合作来提高他们的球技。

关于个人的初步信息对于一次性的课程至关重要。通过建立一个关于个人高尔夫历史的知识库，包括之前的得分能力、之前的课程、身体限制、偏好和高尔夫球杆的磨损模式，专业人士可以为个人制订一个快速评估的过程，希望学生能够更快地恢复。要准确地找出个人试图通过这一课来完成什么目标同样是非常重要的。课程的安排长度是决定课程结构的另一个因素。课程越长，教练就需要更多的时间来评估球员当前动作的背景情况。学生的知识和他对单次课的意图是专业人士在与学生一起工作时需要超越的一个领域。

这种课程的结构应该有足够的间隔，以便从学生那里获得相关信息。根据学生的情况找出错误，给学生留出足够的时间进行一到两次练习，然后在离开之前执行动作（无论是全挥杆还是短杆的某些方面）。对于单节课来说，专业人士需要记住的最重要的一点是，他需要解决一个迫在眉睫的问题，这个问题不会与个人的习惯动作相冲突。如果试图把这个人的动作全盘打乱并重构，很可能会导致客户高度不满意。让个人回到熟悉的领域可能是这类课程的理想焦点。这就是初步信息如此重要的原因。（图5.2）

与学生建立适当的关系可以让专业人士提供一个学生可接受的纠正途径。与个人的对话将有助于确定所需的击球模式，并帮助专业人士让学生回到他们的舒适水平。专业人士应尽其所能地提供完善的基本流程，以纠正错误并使学生恢复到他的熟悉打法。稍微调整一下姿势和球的位置，

图5.2 教练最好用一个简单的一步解决方案来解决一个问题

就可以使个人回到高尔夫运动的可接受范围内。在这些情况下，专业人士看起来像个天才，学生将满意地离开。

对专业人士来说，这不是证明他对高尔夫运动了解多少的练习。专业人士应该采取的立场是，他需要找到最简单和最有效的方法来解决学生的问题。对于那些对长期改进感兴趣的人来说，需要考虑对学生的动作进行重大调整或完全重做。如果个人是当地的，专业人士应该尝试安排一个后续课程，这将使他能够更好地提出一个长期的改进计划。然而，如果这真的是一次性的课程，专业人士应该认为这类课程是一种耐心的锻炼，是一个传授小而有效的信息的过程，这些信息将带着这个人走向更好的高尔夫，而不会完全破坏目前的运动习惯，因为没有时间和精力，这些习惯是无法有效改变的。

◎个人课程——第一个系列

当一个人承诺上几节课或者一系列课时，第一节课的语气与单节课中的权宜之计截然不同。这并不是说专业人士应该缠着学生，希望让他在几个月或几年时间里听话。这最初的一课是作为学生长期进步的主要基石，学习高尔夫历史和知识成为制订改进计划的一个更重要的因素。通过了解学生是如何将自己的高尔夫球技发展到这一步的，专业人士就可以开始消除学生在早期的过程中产生的任何误解。然后，教练可以继续前进，而不必太担心学生对所提供信息的"茫然"。

在这个信息收集阶段，尽可能多地了解学生是很重要的。专业人士需要了解球员高尔夫运动的历史，包括他们上过的课、读过的书以及他们所了解的任何关于挥杆的哲学。他还应该确定学生的身体能力，他们对高尔夫运动的目标，他们可以用来练习和打球的时间，以及他们改进的总体动机水平。

◎课前及热身

课程的最初几分钟（3～6分钟，取决于课程的整体长度，无论是30分钟、45分钟，还是60分钟）应该致力于与学生建立融洽的关系。教练应该回顾学生的高尔夫运动的历史概况，特别是课程。最好能知道学生以前上过多少课，请过多少教练，他们是谁。了解学生正在尝试的改正以及已经取得了多大的进步。

每个教练都有自己的哲学，对他来说，理解学生在高尔夫运动中一直在做什么是很重要的。学生对正确高尔夫动作的理解与教练的一致吗？几分钟后，当教练看到学生击球时，这一点就很重要了。无论是一个短杆课程还是一个全挥杆的课程（图5.3），教练应该通过询问最低轮、最低差点、随意轮与锦标赛轮的对比成绩，以及学生觉得自己可能存在的问题类型来核实差点或平均成绩。了解击球和由此产生的击球模式可以让教练在纠正学生的动作方面有一个良好的开端。

了解学生主要是打社交高尔夫还是商业高尔夫，他多久抽空去练习场和果岭，他是否定期与朋友或者其他家庭成员一起打球，以及他多久参加一次竞争性赛事，这些都会让教练了解球员的动机水平。询问球员参加的比赛类型或者他在休闲高尔夫回合中玩的"游戏"类型，有助于教练发现学生的竞争天性。所有这些倾向似乎都不重要，但如果学生希望在系列赛之外定期与教练合作，它们都将有助于短期和长期目标的设定。

教练的下一步是观察学生打高尔夫球的动作。无论课程的重点是什么（全挥杆还是短杆），教练都应该从至少两个不同的角度或者最多四个角度来检查学生的动作。两个主要的观察角度是正面和侧面。第三个角度是从后面检查球员的动作，第四个角度只能从带有头顶摄像机的击球区进行。大多数教练只会用正面和侧面的视角，尤其是在使用视频的时候。很少有教练利用后面的角度，但是它可以用来获得另一个角度的重心转移和身体旋转。俯视图提供了一个很好的髋关节和肩部旋转视图，以及杆头在穿过冲击区域时的旋转视图，但是能够做到这一点的限制导致很少有专业人士提供这种评估。

正在研究的不同原则从一种观点观察比另一种观点更明显。正面视图为教练提供了握杆、球位、脊柱角度、挥杆中心、挥杆时的身体旋转、弧线的宽度和长度、杠杆系统、连接、释放、击球和动态平衡等信息。侧面视图能够让教练检查对齐、姿势、挥杆平面、位置、弧线长度、挥杆中心、释放、冲击球和动态平衡。教练应该在学生前几次挥杆后排练他的计划，以应对任何挥杆错误。检查实际球的飞行将帮助教练确定学生在挥杆过程中实际发生的动作和杆头运动的轨迹。（图5.4）

在学生进行高尔夫运动的同时，教练应该随意检查球员的球杆握把和杆面的磨损情况，密切注意球员的姿势和球杆的位置，然后由击球产生的球的飞行将有助于教练确定球杆的长度和角度对于球员来说是否合适。在没有测量挥杆速度设备的情况下，挥杆速度、球的飞行和击球距离的可视化将为教练提供有关杆的弯曲度如何与学生的能力相匹配的信息。这些观测结果将为指导专业教练提出额外的问题，以验证学生是否使用了正确的设备。如果装备看起来是合适的，那么稍后进行更仔细的检查将是一个不错的选择。但如果球杆看起来不合适，那么教练需要更加积极主动。一些可能需要回答的问题包括：球杆是否配备齐全？买的是新的还是用过的？是通过朋友推荐购买的吗？对球的飞行方向控制有问题吗？如果球的落点位置机器拍不到，教练应该和他知道规格的球杆进行对比检查；要么从试装套里找，要么自己找。用击打胶带或者胶纸贴在球杆杆面上进行快速检查也有助于为教练寻找他所需的答案。（图5.5）

当教练看着学生继续击球时，他应该继续从学生那里寻找信息。虽然教练可能对学生有一个暂定的计划，但它可能与学生的期望不符。教练需要找出学生认为这一系列课程的最终结果是什么。他需要知道学生有多少时间来练习、击球以及通过灵活性和力量训练来提高他的身体能力。

◎短暂休息

一旦学生热身完毕，教练应该暂停几分钟与学生进行讨论。通过让学生停下来，教练让学生知道这是这堂课的重要部分，他正在全神贯注地进行对话。教练需要让学生陈述他们的高尔夫球目标——包括短期的和长期的。教练需要概述一个计划，将学生的愿望与这一系列特殊课程的实际时长结合起来。他需要告诉学生有限的时间内可以做出哪些改变，以及完成总体目标还需要做什么。大多数学生希望在短时间内取得比可能的更多的突破。教练不应该用"不可能"这个词。相反，他应该为学生提供对计划的合理期望。通过帮助学生将目标调整到一个可实现的水平，他就可以根据学生打球和练习的时间来制订进度检查点。

图5.3　开始一系列课程时，从学生那里收集尽可能多的信息是很重要的

图5.4　从正面和侧面两个位置观察学生的动作可以看到动作的所有不同部分

图5.5　观察球在杆面上接触的位置，是确定学生的设备是否非常合适的快速方法

在最后的分析开始之前，教练应该从他的学生那里确切地找出他可能愿意改变什么来成为一个更好的球员。教练应该对计划清单上的每个项目都有权衡，也从计划清单上删除项目。教练可能会在训练和指导过程中发现，他建议的一些改变会遭到学生的抵制。通过了解学生最初的愿望和动机，教练将处于一个更好的位置来说服学生适应新的姿势或动作。这也将帮助教练规划出让球员达到他们想要的水平所需要的变化顺序。直线前进并不是达到最终结果的唯一途径，有时候，它也不是最好的方式。高尔夫是一项补偿的运动，教练需要了解让一个人到达同一地点的几种不同的方法。在指导学生提高高尔夫水平时，应该始终考虑到个人喜好。根据学生所寻求的提高水平，课程安排可能会远远超出当前的课程系列，并涉及设备的变化。为了达到目标，球员可能需要额外的支付比赛和练习带来的其他费用。

◎ 分析动作

教练已经观察了球员的几次挥杆或击球，根据他一直在问的问题，他应该很清楚他需要和球员一起做出哪些调整。如果使用视频录像，这是捕捉一些挥杆（无论是从正面角度还是从侧面角度）的时机。通过高尔夫挥杆的 14 条原理，教练在开始制订改进计划时，需要在头脑中或在纸上做笔记。

在检查中，挥杆前的要素占据优先地位。基础的准备姿势更容易纠正，可能会提供最直接的改善。姿势和平衡的改变可以改变学生的整个挥杆动作。接下来的分析过程应该转移到运动的后挥杆部分。允许球员从正确的位置开始下挥杆的要素应该在解决了后挥杆要素后进行检查。教练应该确定后挥杆的错误是由挥杆前的准备姿势造成的，还是由不正确的技术造成的。如果不考虑挥杆前的因素就试图纠正后挥杆，这对学生和教练来说可能都是徒劳的。前挥杆要素应该是第三层次的分析。它们是良好的挥杆前和后挥杆基础的结果。（图5.6）

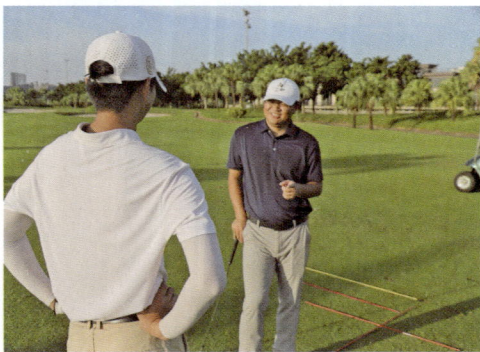

图 5.6 对球员动作所做的改变是一个双方的协议，纠正应始终围绕学生的能力、时间和愿望进行讨论

一些教练可能会尝试先建立一个冲击位置，然后让球员根据球杆需要的冲击位置"找到"正确的后挥杆位置。这种方法可能会被一些不同类型的学习者所接受，但并不是每个学

生都能通过这种方法得到提高。无论教练使用哪种方法，总有一些学生反应很好，而有些学生在学习这个动作时遇到了更多的困难。然而，大多数人会落在中间范围的任何一边。

当分析球员的动作时，教练应该指出球员当前的位置以及由于正在进行的设置或动作而发生的错误。然后，教练应该解释他希望球员做出的改变，以及如果这些改变得到实施，将会产生的改进。通过向球员提供关于改变效果的具体信息，球员应该更倾向于将这些改变融入到自己的比赛中。

技术软件（或设备）在高尔夫运动的分析过程起着非常重要的作用。摄像机的帧速可以在整个挥杆过程中清楚地看到球杆。视频现在可以以每秒 300 ～ 1 000 帧的速度观看，这使得教练能够准确地确定第一个错误发生的位置。其他技术设备如 K-Vest、SAM Putt Lab 和 Trackman 可以将学生与高水平巡回赛选手的平均水平相比。这些最新引入的动作分析技术所提供的大量信息，已经为高尔夫专业人士提供了足够的工具，可以出色地破译学生可能存在的所有错误。教练不应该试图一次纠正所有的问题。他应该找出导致其他问题的错误，并在基础水平上使用他的处方，以最快的速度纠正。像技能测试这样的结果分析是建立衡量学生进步的基准的好方法。这些价值观可以用来帮助学生建立长期和短期目标。这些测试可以定期重复，为学生提供有关其进步的数据。

◎ 纠正动作

教练应该将分析和建议的变化直接引入练习或实践程序，使学生更快地做出变化。整个动作的练习是实现全挥杆动作变化的最好方法。研究已经证明，当试图改变整个动作时，部分动作可能不会有效。位置训练应该与完整的动作相匹配，使学生更容易接受变化。给学生 2 或 3 次练习可以让教练对变化发生的速度有一个概念。学生如果能在动作的不同点上准确地说出新旧方法之间的区别，就会比那些只是点头表示感觉不同的人更有效地做出改变。

给学生一些练习将有助于确定哪些对学生是最有效的，哪些是学生在自己上课时可能会在实践中使用的。对于每个需要纠正的动作的不同部分，教练需要在脑海中有几个不同的练习。记住，一个特定的练习可能并不是对每个球员都有效。力量、柔韧性和身体条件的差异会要求教练改变他推荐的训练方法。通过向学生演示并让他们练习几分钟，将确保学生正确地完成练习。

◎训练

图 5.7　在球员训练时应该把高尔夫挥杆的整个动作都包括进来

一旦学生得到口头指导并理解了基本的变化，训练就可能是课程中最重要的部分。当训练了几分钟或者很多分钟后，是时候让教练检查学生是否可以将变化融入全速运动了。这部分过程包括教练和学生之间的对话，以确保学生对目前为止所传授的概念有正确的理解。一旦引入了主要的变化，本节课的目的就是简单地调整和完善所涵盖的信息。这不是为可能已经倾向于困惑状态的球员介绍新概念的时候。（图 5.7）

　　教练需要注意学生正在做出的改变，他需要表扬学生的进步。作为一种让学生保持在正轨上的方法，激励学生对让他们继续努力改变是很重要的。教练可能会回到本节的另一个练习，甚至重新介绍学生之前做过的一个练习。继续与学生讨论他们的舒适程度和他们对变化的意识，这将有助于他们以后单独练习。

　　指导部分的最后一步应该是教练对学生所做改变的观察总结。如果球的飞行有了明显的改善，那么将这些改善与球的飞行联系起来是一个好主意。这只是另一种反复说明学生所做的改变是好的方法。教练需要解释他认为学生实施这些改变所需要的时间。这也是一个增加一些练习想法的好时机。在观察了学生这段时间后，教练可能还会有一两个额外的练习，这可能对球员受益。

◎总结课程

　　这节课的最后一部分应该是教练和学生都放慢脚步，在离别前整理一下思路。教练可以先对学生在课堂上遇到的问题发表评论。然后，教练应该让学生找出需要改进和提高的地方。教练还应该描述学生需要进行的练习，它们的目的、它们的具体内容是什么。他还需要回忆教练建议的练习量。教练应该确认这些方面的评论，并补充学生可能遗漏的任何信息。

　　这也是学生带着纸质或电子版的课程总结离开的时候。过去最常见的方法是教练给学生提供一份表格，让他们用自己的话来写这堂课的总结，以及他们用来实施改变的要点。对于视频课程，教练可以制作一份复述内容的副本，并以 CD 或 DVD 的形式提供给学生。如今，在进行视频课程时，许多教练都在使用 V1 高尔夫视频软件提供的网络平台。这项创新让学生可以从任何电脑或智能手机上访问挥杆总结。有了这些信息，当他们自己去练习改善和提高挥杆动作时就不容易出错。教练只是记录屏幕、提供语音提示、详细说明问题、期望的改变，学生应该模仿的任何模型，以及学生在课堂上能够做出的调整。

教练应该花时间和学生一起安排下一节课，并尽量留出至少5分钟，最好是10分钟的空闲时间，以便他能够整理自己的想法并回顾下一个学生的简介。这也为他提供了时间来照顾他可能需要的任何个人需求，或者在不打断任何课程时间的情况下回一个待处理的电话。

◎ 个人课程——后续课程

第二节课和之后的课程，一个人将在一个系列中学习，基于系列的第一堂课，随后的课程已经有了基本信息，所以重点将放在回顾上一个主题和推进下一个主题上。忙碌的教练应该在与学生见面前花一点时间复习第一节课的笔记。当与学生见面时，教练还需要对第一课的要点进行重述。然后，教练应该让学生讨论学生的任何练习和数量。一般来说，任何改变都不会在这么早的时候适应，所以教练不会寻求很大的进步或伟大的击球。他试图发现学生是否对继续执行这些建议有任何顾虑或不情愿。让学生记录练习日志和比赛日志是获得真实数据的一种方法。通常情况下，球员只会记住非常好的击球或非常差的击球，而不会提供对实际结果的客观评估。对于教练来说，发现学生在击球执行方面的任何问题是很重要的。他还需要能够澄清自上节课以来产生的任何困惑或误解。

◎ 开启学期

即使第二节课是关于打球的不同领域，教练也需要回顾学生自上节课以来所取得的进步。但与第一节课不同的是，教练应该直接从热身开始这节课。即使在热身时，学生也需要遵循挥杆前的握杆、站姿、球位以及瞄准的建议。教练应该检查后挥和前挥的动作。教练需要小心，不要给球员的动作添加新的或不同的东西。他应该尝试用以前的练习来改进动作，或者用新的练习来达到同样的目的。他还应该尝试让学生意识到旧的、不正确的动作和新的、正确的动作之间的区别。在沿着这些路线训练时，教练应该让学

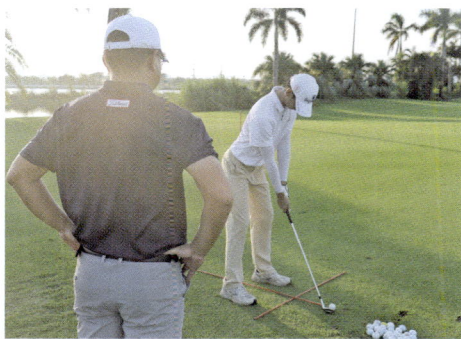

图 5.8　在后续课程中，教练应该确保学生保持正确的姿势，即便是在课程早期的热身阶段

生把注意力集中在教练认为改变会对整个动作产生最大改善的地方。（图 5.8）

微调动作包括将学生的偏好与原则相匹配。无论是自己选择，还是无法准确地完成一个动作，到了第二节课，教练会注意到学生倾向于某些姿势或动作。根据时间的长短（周、月或年），学生计划与教练合作，以提高自己的高尔夫球技术，这些偏好可能需要融入球员的动作，或者教练需要找到更好的方法来创造所需的改变。如果学生计划与教练一起合作较长一段时间，分步骤的微调可能是解决问题的最好方法。通过微调，学生将保留一些熟悉感和参考点。这个过程可以让他在打球的时候保持自己的节奏，并且仍然能打出高质量的高尔夫球。经验丰富的球员的方法很好地建立了模式和参考点，但对于那些没有一个可重复的运动模式的刚接触这个运动的人来说，它可能是基于个人的力量和灵活性，能够更好地让一切尽可能听起来基础的东西。教练需要意识到，这可能会在一段时间内导致很多"失败"，所以他需要准备使用不同的激励技巧来让学生走上正轨。

仅仅是做到高尔夫挥杆动作的正确姿势还不足以让学生成为一名优秀的球员。一系列动作的时机以及其可重复性，只是使整体效果远大于局部单个动作效果之和的其中两个要素。球员的力量和灵活性，使他们能够把挥杆中的全部动作发挥到最大限度来移动身体，并在连贯的基础上发挥适当的球杆功能。击球节奏将运动融合到一个高效的引擎中，使球员能够在正确的时机打出高质量的球。在对动作进行微调时，教练应该把注意力放到学生的打球节奏上。从许多顶级职业球员在全国和世界巡回赛上的表现来看，如果他们击球时机准确的话，各种各样的挥杆姿势都能打出非常低的杆数。同样的道理，在不完美的时机以完美的挥杆姿势打球的球员，永远不会成为世界级的球员。

◎ 全面方法

当与一个学生合作一段时间后，教练应该意识到，仅仅在挥杆动作上练习将不足以使学生取得更好的成绩。高尔夫球是一项由许多部分组成的运动。球员只要踏上高尔夫球场进行比赛，各种技术和技能都要用上。在球员熟练掌握这些技能之前，每个不同的领域都需要专业知识和实践才行。每个人只要付出汗水，都可以变得精通高尔夫球运动，如推杆、切球、劈起球和沙坑球。除了运动管理外，困难球位击球和不同场地状况也应该作为课程的一部分。（图 5.9）

球员需要明白，无论他们在发球台上把球打得有多好，还是在球道上击球有多好，他们仍然会犯错误，他们需要知道如何补救。他们还需要做一些专项训练，就像他们练习全挥杆一样。在最初的训练体系中融入不同运动要素的概述，让教练有机会对球员做出适当评估和建议，从而进一步降低他们的杆数。教练需要组织剩下的每节课，包括比赛的其他部分。如果在技术或表现上发现了重大错误，教练应该在比赛的这方面安排额外的课程。

随着教练将学生从新手培养到熟练，从熟练培养到精通，从精通培养到专家；这不是每次要求增加一个新级别时都要调整动作的问题。这应该只是一个调整已建立的基础并添加一些运动附带的额外内容的问题。基本要素包括身体力学和球杆力学。

图 5.9　当与球员合作以获得更低的杆数时，教练需要将运动的某个领域纳入课程计划

这个过程的时间安排有助于学生重复这些运动序列，从而提高击球的准确性和稳定性，有利于球的飞行。当球员能够随心所欲地击球时，比赛管理就有了新的意义。通过将这个过程应用到高尔夫比赛的不同领域，学生就可以成为一名真正的球员。

◎ 总结课程

在总结这个系列的每一节额外课程时，教练需要强调已经发生的积极的方面。他应该把每一节课与下一节课的不同之处告诉学生。除描述哪些动作仍然不是很好的负面含义，教练应该强调需要练习的领域，将使学生更接近他们的目标的练习类型，以及在下一节课之前看到显著进步所需的练习量。这将是一个很好的时机，加入一些关于工作和家庭的小谈话，并揭示任何可能减缓学生进步的项目或旅行。那些理解学生不想靠推杆谋生的专业人士，比那些似乎要求学生坚持不懈地练习、对学生的实际工作和其他承诺漠不关心的人，更适合当学生的教练和导师。提供替代的练习程序或推迟一节课给学生足够的时间练习，可以让学生对教练舒适程度的感受上产生巨大的不同。

◎ 团体课程

专业人士不需要严格依靠个人课程来生存。事实上，他需要积极开展其他类型的课程，这些课程将作为"支线系统"，让学生进入他提供的最经济成功的课程。尽管大多数人觉得他们在打高尔夫球方面需要个人的帮助，但以团体为中心的课程可以提供更有成效的学习体验，而且团体课程实际上比个人课程更能给教练带来收入。为团体课程创建正确的结构是大多数高尔夫专业教练没有进行过大量练习的领域。一些高尔夫专业人士更愿意与个人合作。他们不喜欢和几个不同的人一起工作几分钟，然后在课堂上和每个人重复几次。

然而，这可能是专业人士需要研究的方向。（图5.10）

在为团体制定价格结构时，专业人士不应该按照常规小时费向每个人收取相同的费用，也不需要将总费用除以参加或参与的人数。为每个加入团体的人提供一个小时收费折扣的价格，具有良好的经济商业意义，并为学生提供了更大的价值。专业人士应该采取一种反映学生人数越多，个人关注的时间就越少。专业人士应该意识到，高尔夫挥杆的知识应该占到课程价值的一半；剩下的部分应该分配给指导和激励。高尔夫专业人士为团体上课时，传授的知识是一样的，指导的数量也差不多。唯一的不同是，教练不会看到每个球员的每一次击球。对于每一次的改变，学生都需要时间来击球，培养自己的手感。太多的教学和指导不能让他们发现高尔夫挥杆的细微差别。

图 5.10　忽略团体课程的教练实际上忽略了大量的潜在客户，对自己也是一种伤害

折扣越大的政策。毕竟，学生人数越多，个人关注的时间就越少。专业人士应该意识到，团队结构中最关键的一点是，不要给任何一个人太多的东西，这会让他们在短时间内无法理解和处理。当谈到团体结构时，"婴儿步"可能是信息传递和指导过程的最佳描述。理想情况下，在团体结构中，学生应该以稍慢的速度前进，一步步达到更高的学习水平。根据这些参数设计的团体结构可以让学生获得相当多的实际练习，而不是让高尔夫专业人士一次只喂他们一个球。团体课程可能适用于所有学生，但由于学习活动涉及的人为因素较多，团体课程并不会被所有人接受。当我们研究团体的结构时，我们将讨论几种不同类型的团体课程，以及提供这些课程时作为课程的一部分应该涉及的元素。

◎ 示范型团体课

不要认为所有的团体课都应该让参与者击球。有时教练可能只是想示范在高尔夫运动中应该使用的正确技术。示范型团体课就是这样，提供示范型团体课主要有两个原因：首先，它们可能被设计成教育平台，告诉与会者基本的高尔夫动作或如何打特定类型的高尔夫球；其次，示范团体课也可以作为高尔夫教练或高尔夫球场的营销手段。无论出于何种原因开展此课程，都应该非常重视参与者的娱乐活动。教练为了招更多学生，在很多人的面前说出自己的名字。他能够展示他的挥杆知识以及他作为一名教练的个性。高尔夫球场可以利用举办此类课的机会分发小册子和信息包，介绍他们的球场设施和设备。这种课可以在室内进行，也可以在室外进行。

示范型团体课可以在高尔夫俱乐部举办比赛或者其他活动之前开展。很多时候教学专业人员会免费提供这种类型的课，但从每个参与者那里收取少量额外的费用作为比赛套餐的一部分，也应该是一个考虑因素。无论如何，教学专业人员最终将拥有一大批潜在的学生。这些课应在活动开始前 1 ～ 1.5 小时举行。这有助于让比赛参与者更早到达现场，并让他们有时间在比赛前热身。为了防止不感兴趣的人干扰上课，限制范围是谨慎的做法。

示范型团体课的时长一般在 30 ～ 45 分钟。介绍可能被认为是最重要的部分，因为它将为接下来的上课时间定下基调。介绍应该是关于娱乐的，简短有趣或真实的高尔夫故事可以很好地打破僵局，让观众为即将到来的事情兴奋起来。穿插几个笑话能够让教练知道他是否吸引了观众的注意力。下一步是提供当天主题的大纲。一个生动活泼的展示，告诉观众什么不该做，课后如何保证与会者带着正确的方法离开，这是很受欢迎的。人群中许多人都知道，这种拙劣动作的展示有助于教练保持牢固的关系。

所涉及的主题应该是与人群相关的。大多数人通常都是普通的高尔夫球手，甚至更差，因而选择的数量几乎是无限的。此类团体课的关键是为了使主题有趣，而不是像说教。在适当的地方穿插一些趣闻轶事，会在整节课的过程中保持所有成员的注意力。如果有合适的参考框架，真的会很有趣。大多数示范团体课都应该讨论不好的地方，以及如何让它变得更好。教练应该提供一些基础知识，强调最重要的方面，给人群留下一个简单的解决方案，并希望任何人都有可能获得真正的高尔夫荣誉。（图 5.11）

信息和解释应该在语言和概念上简单，现在不是提出你最先进的挥杆理论的时候。术语和概念应该在可能的情况下加以演示，以便澄清。这些演示应该以较慢的动作进行，以便所有与会者都能清楚地看到。在描述和演示握杆的位置、瞄准、站姿、后挥杆和前挥杆时，教练需要准确地展示。有时，他可能需要让一名观众参与到一场准备姿势或握杆课中来，向观众展示改变姿势是多么容易，以及观众应该从自己的姿势和动作中寻找什么。看似复杂的问题用简单的方法解决会使观众兴趣水平提高几个百分点。一个重要的部分是提供支持在此类课上传递信息的讲义，讲义中一定要包括教练和所在机构的联系方式。

结束语也应该以观众的提问和回答结束，或者由一到两个人介绍本节课的要点，或者两者都介绍——留意时间限制。总结应该重复讨论过的

图 5.11　教练在演讲中应尽量使用幽默和生动的语言，这样他就不会在课堂上失去任何一个学生

重要要素。教练应该鼓励练习、鼓励打球、鼓励上课。给观众留下一句名言或明智的建议，会让他们对教练和机构都抱有一个积极的想法。

◎ 参与型团体课

参与型团体课的结构与示范型团体课非常不同，示范型团体课的主要目的是教育和营销，特别强调娱乐。参与型团体课的目的是帮助人们打高尔夫球。参与型团体课培训班是为新的高尔夫球员介绍高尔夫运动要素的绝佳方式，他们也能给中等水平的高尔夫球手（那些可以被归类为常规球员的人）提供有用的帮助，完善他们在某个特定领域的球技，比如距离、推杆、沙坑、糟糕击球或比赛管理，或者学习打特殊击球的新技术，如高抛球或混合切球（果岭边用木杆类用似于切推的方式击的一种球）。它们也应该被视为一种营销工具，鼓励参与者参加个人课程或其他旨在帮助他们提高球技的项目。虽然娱乐不是主要的关注点，但如果高尔夫专业人士不能让参与者感到乐趣，他就没有做好自己的工作。（图 5.12）

组建一个高质量的参与型团体课培训班需要教练的计划和准备。首先需要考虑的是设施的规模。一些设施提供足够的空间来容纳任何数量的参与者。其他设施可能受限于练习区域的大小。教练需要确保他能够保持一个高质量的学习环境，无论他发现自己的空间是小的还是大的。更小的空间需要更少的参与者。如果一个或多个区域无法支持与其他区域相同数量的参与者，那么这种类型的培训班（每次培训分布在不同的区域）可能需要限制参与。特定的比赛区域培训班通常是一个或两个部分，并且参与数量可以设置到符合最大限度的可用空间。上课时间越长，教练就越能以"伙伴制度"来容纳更多的学生。

可用教练的数量也会对可管理的学生数量产生影响。在配置可容纳的总人数时，学生与教练的比例很重要。一般来说，一小时课时内 6 ∶ 1 的比例是教练所能应付的。如果是一个半小时，这个比例可能高达 10 ∶ 1。对于高级培训班来说，比率可降至 3 ∶ 1 或 4 ∶ 1。这种性质的培训班是高度结构化的，应该被认为是学生的介绍性课程。即使参加人数更多，教练收取的费用也可能更接近于反映他的实际小时费用。对于较少的学生人数来说，每人收取的费用应该稍微高一点。年龄较小的学生需要更多的多样性来保持他们的注意力。对于 8 岁及以下的学生来说，4 ∶ 1 的比例更合适。这将减少在更大的群体中出现的安全问题。教练可以选择将这个小组的时间缩短到 35 ~ 45 分钟（学生的注意力持续时间很短）。10 ~ 12 岁的孩子在一个小时内表现很好，6 ∶ 1 的比例对这个群体来说很好。当他们安排更长时间（1 ~ 2 小时）和 8 ∶ 1 或 10 ∶ 1 的比例时，一些教练在 13 ~ 18 岁的青少年身上取得了更大的成功。随着这个比例越来越大，教练需要更多的时间来确保小组中的

每个人都得到了单独的关注。（图 5.13）

图 5.12　任何培训班可容纳的人数，应考虑到举办地场所区域的空间限制

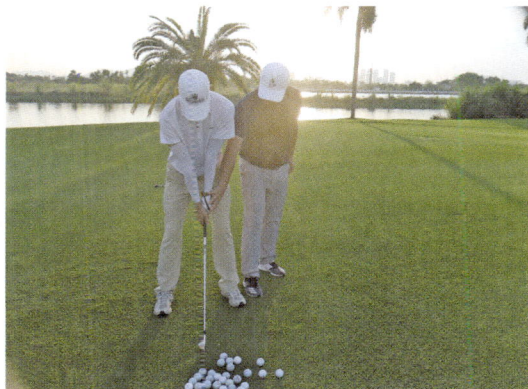

图 5.13　参与培训班的信息比示范培训班的信息要更具体，重点应该放在球员的发展以及球员知识上

正如我们前面提到的，参与型团体课应该提供更高水平的高尔夫球员教育，而不是强调娱乐。用一个破冰的方式（开场幽默或讲述高尔夫故事）仍然是每次开始上课的好方法。教练需要在培训班的重要部分——信息传递上吸引学生的注意力。在培训班第一节课的第一部分，按顺序互相介绍是有必要的。如果学生都是陌生人，对每个人的高尔夫历史进行一些描述可以弥合学生之间的隔阂。了解彼此在比赛中的感受可以让我们从一个角度看待这项运动，并为每个人提供参考。虽然这并不是总能实现的，但教练应该尝试将能力相似的人放在培训班的同一组中。

一旦学生和小组中的其他人相处得比较舒服了，教练就应该介绍主题，列出整个课程将要涵盖的课程大纲，并具体说明这节课的重点。然后，教练应该演示和解释学生将在本课程中进行的动作。讲解应该包括挥杆前的准备动作和挥杆后击球动作的基本要素，以及所有将纳入课程的任何练习。向学生解释将在课程中使用的练习，为课程提供了一套有组织的步骤。通过展示正确的高尔夫动作和充分解释细节的能力，教练能够在学生心中具有一定的可信度。在本章后面的讨论中，我们将为你提供你可能希望提供的每一种不同类型的课程的具体结构。请记住，这些只是构建这些课程的可能方法，而不是创建高质量课程的强制性方法。

为培训班选择主题是另一个需要解决的问题。匹配主题和市场营销对教练希望开展的任何课程的成功都是至关重要的。教练可以提供普通和专门的课程班。普通培训班一般提供给新手和中等水平的高尔夫球员。这些人可能对高尔夫运动有一点或者没有经验。教练可能会对这项运动的大部分基本领域提供一个全面的概述：推杆、切球、全挥杆，可能还有沙坑，当然还会在每一节课中添加一些规则和礼仪的简介。接受各种年龄和各种能力水平的培训班，比如度假村为其客人提供的培训班，在本质上也应该是相当通用的。当结合年龄和能力水平时，我们的思路是向每个人教授基础知识，但也应该根据每个人的特定能力水平与他们合作。

专门的培训班可以设计给那些在比赛中有一定经验但经验有限的球员，他们需要在比赛的特定部分进行训练。注册可以根据年龄或障碍等因素进行控制，以确保所提供的信息适合这个特殊群体。一些针对对特定区域课程班的想法包括控球、增加距离、高飞球、球道沙坑击球、长距离推杆和混合切球（果岭边用木杆类用似于切推的方式击的一种球）。如果客户基数很大，这些类型的培训次数几乎是无限的。可以在整个赛季中每周提供不同的培训内容，每个内容只重复一到两次。

◎ 信息传递

培训班的信息和教练的指导部分是学生们寻求的好处。信息传递应该包括语言、视觉和动觉元素。对于每一种类型的参与者，教练应该制订一套避免学生出现任何差错的打球规定。对于一部分教练来说，这可能需要一段时间的实践，但从长远来看，这一过程带来的回报是相当不错的，因为它带来了更高的可信度。教练还应该制作一些讲义，列出并突出所涵盖主题中最重要元素。如果培训班是持续数天或数周的一系列课程，这些材料可以以文件包的形式，或者只是一张单页的形式，适用于当天讨论的主题。

提供给学生的信息需要适合出席的群体。教练需要制作几套不同的文件，用不同的方式解释相同的概念。年龄小的学生需要非常简单的解释，更大的字体，更少的文字，也许还需要图片（动画），让他们更好地想象这个概念；较新的高尔夫球手需要非常基本的术语，也许还需要用简单的想法写一些描述性的解释；中等水平的高尔夫球手对一些术语很熟悉，所以对一些他们可能不理解的术语提供一定的定义可能是个好主意；高水平的高尔夫球手也应该如此，因为即使他们有广泛的经验，但是他们使用的术语仍然可能与教练的不一致。

对于一些学生来说，演示可能是理解的转折点。教练使用的演示程序需要采用几个原则才能有效。许多学生不习惯看顶级球员的全速高尔夫挥杆动作，所以演示程序应该足够慢，以便所有学生都能看清。这一过程还应该重复几次，以防其中一个学生打瞌睡。在演示过程中，这个缓慢、重复的过程将帮助学生识别球的飞行，这有助于他们的理解。当他在演示和解释材料时，教练应该注意学生。任何时候，教练在学生脸上和眼睛中看到疑惑，他都需要停下来，提出问题并回答，以阐明他正在讨论的观点。这也将帮助他评估该群体的总体高尔夫知识。教练提出的问题不至于只有其他专业人员才能回答。教练不是要向学生展示他有多聪明，而是要在学生身上找到他可以利用的线索，帮助他们对高尔夫球动作的表演更加了解。

◎安全和步骤

一群人在高尔夫球场上会发生一些奇怪的事情。他们变得以自我为中心，忘记了他们不是这个地区唯一的人。年龄和以前的高尔夫能力似乎并不重要。教练只要把目光移开一会儿，其中一个学生就会发现自己正处在另一个毫无戒心的学生的后挥杆或下挥杆的路径上。"安全第一"是教学专业人士奉行的座右铭。用行李架、对齐板或油漆来设置站位将有助于给每个人建立足够空间。在任何群体开始时，用隔离网或者类似球杆类型的木桩把挥杆击球区分开是另一个有助于安全的好主意。许多教练喜欢在训练开始前把金字塔形的球放在每个击球打位旁边。这样的设置让学生击球变得更容易。从一个有组织的、专业的角度来看，当学生们进入练习场时，这样的设置看起来真的很不错。然而，并非所有培训班都适用这种方法。教练需要记住，这里有许多学生在面对一大堆白色的高尔夫球时头脑一片空白；他们唯一的想法是"打完它们……越快越好"。（图 5.14）

大多数培训班学生都是为了更好地击球，但教练需要记住，击球可能不是达到这一目标的最好方法。对于新手甚至是中等级水平球员来说，不带球和球杆的训练是一个很好的开始。下一步是空挥杆练习，最后是用球和球杆一起练习。没有球杆和球的练习可以帮助学生确定他们的高尔夫运动平衡的来源——无论是从地面身体上半身，还是手和手臂。这样的练习也可以保持学生的耐力。如果教练能让学生们开始在没有球杆和球然后只有球杆的情况下做出更好的动作，那么当他们真正击球的时候，他们会更有活力。不经常练习的学生在开始感到疲劳之前，可以进行30～45次全速挥杆击球练习。这是因为一开始就做全速挥杆，很多学生在教练终于抽出时间来

图 5.14　击球区域的配置对解决任何安全问题都有很大的帮助，但教练在开始上课前务必进行安全问题的纪律性教育

改变他们的时候，会因为太"累"而无法做出改变。在每次击球之间要求两次较慢速度的空挥杆练习是另一种帮助学生在保持耐力同时取得进步的方法。打 10 ~ 15 个球，然后休息两分钟也可以起到同样的作用。定期练习的高水平球员可以在更早的时候得到更自由的控制。初级学生似乎不容易疲劳，但他们的注意力会分散得更快。在这一点上，改善是不可能的。

教练应该在培训班结束时提供信息总结和问答环节。教练可能想要对特定的学生提出特定的问题来创建总结，确保每个学生都能理解这个环节是很重要的。给每一个学生加上一些积极的评价可以激励学生。这也建立了他们每个人都想从导师和教练那里得到的关心态度。然后，教练应该解释下一节课将涉及哪些项目，并鼓励每个学生在下一节课之前找时间巩固这些练习和动作。如果这恰巧是最后一节课，教练应该强调他的一些其他课程，这将有助于学生继续取得进步。

◎ 团体课程——后续系列

小组课程为培训班提供了另一种选择。培训班通常提供高尔夫运动的概述或特定区域的一些练习。小组课程是围绕一群人的需求而设立的。小组课程基本上是 1 人以上的个人课程。上课的小组可以通过多种方式组成。一起打球的朋友、家人、工作伙伴甚至是同一个社会或公民组织的成员。课程小组通常由 2 ~ 6 个人组成，他们决定要学习高尔夫球或一起提高打高尔夫球的水平。与培训班不同的是，小组课程的安排方式与常规课程的安排方式相同。小组可以找到最适合他们的时间，并定期与高尔夫专业人士预约。

小组团队会在一段时间内得到专业人士一心一意的关注，通常在 60 ~ 90 分钟，这取决于小组团队内的人数。小组课程的结构可以与培训班相同：将比赛的所有不同领域结合起来，甚至是比赛的一个特定领域的几个回合。小组课程也可以作为单个课程或一系列课程进行。学生们普遍的选择是一系列的小组课程。通常在 3 ~ 5 周的时间内总共上 6 ~ 10 节课。团体课程的结构比个人课程更便宜，当团体同意更多的课程时教练可能会给更好的价格。通常，小组人数越多，每个人支付的费用就越少。有些专业人士甚至会不管人数多少都提供相同的价格，但大多数成功的专业人士都明白，知识几乎和指导一样重要，他们会为每增加一个人提供折扣。

小组通常会给教练带来很大的挑战。有时报名参加小组的学生有广泛的能力。这就考验了专业人士能否花足够的时间达成每个人的目标。这个团队里很可能对他们的运动有不同的目标。有些人可能想把自己的差点减少一半，而另一些人只是想把球打得更远。教练还会发现，虽然小组成员彼此都很熟悉，但他们对待练习的方式、追求体能训练的方式、打球的方式都完全不同。有些人可能想花一整天的时间在练习场发球台上练习，而另一些人可能会在通往第一个发球台的路上打几个球。现在很多人都有固定的健身计划，但超重或者肥胖的人的数量似乎逐年在上升。虽然很多打高尔夫球的人都是采用步行的方式打球或者比赛，但是也有相当一部分人喜欢使用高尔夫车，所以教练需要做好适应准备。

◎环节介绍

在第一堂课与小组见面时，教练需要了解每个学生以及观察他们如何相互反应。球员档案表是建立个人高尔夫历史的必要条件。与学生们进行一些轻松的讨论，也许是关于个人最好的和最差的记录，这将给教练额外的信息并与小组建立牢固的关系。教练应该在课程的第一部分找时间对每个球员的球杆进行快速的视觉检查。

根据小组初步确立的课程目标，教练应花几分钟勾勒出实现目标的总体计划。他应该描述在这个系列中将要涉及的不同阶段，描述从挥杆前基础到挥杆中基础的一步一步的过程，为挥杆从简单到更复杂的部分奠定了基础。在这个入门的阶段，教练需要描述信息将如何传递以及介绍练习的目的、练习的时间以及如何将视频用于动作分析，还包括在课程中的练习形式、练习的的数量以及每节课结束时的总结。

进入本节课，教练应该演示本节课将要讨论的动作。与培训班一样，演示应该以较慢的速度进行，然后重复几次。用6号铁杆打200码只会吓到学生，这会让教练很快失去他们。教练还应该清楚地传达动作的概念，描述应该用简单术语，不一定是"高尔夫专业术语"。即使学生有可能是熟练的高尔夫球手，他们也可能不理解教练用来描述运动不同部分的特定术语，或者位置和基础不信而导致的因果关系不清。（图5.15）教练需要密切注意学生的面部和眼睛。任何疑惑或理解不足的情况都应尽快解决。当使用常见的高尔夫专业术语时，最好能充分详细地描述它们，并通过慢动作演示提供的图片。提供讲义是另一种让学生理解新术语或概念的好方法。

在讲解和示范之后，教练应该将课程的剩余部分分成几个独立的部分。虽然这不是强制性的，但教练可能希望从学生们不击球的练习和基本练习开始，甚至一些不需要球杆的练习也可能适合学生。这样的练习可以让教练对学生的灵活性、平衡性和协调性有一个很好的了解。几分钟的练习后，学生们应该使用正确的基础动作做出一个流畅的挥杆动作，这时教练可以用击球来改变练习。下一阶段也应该首先关注正确的动作，然后是扎实击球；球的飞行方向是最后考虑的。如果没有正确的动作，球良好的飞行并不能表明学生取得了进步。

一旦教练感到满意，认为学生已经进步到一定程度，他就应该要求学生短暂休息一下。一些时间可以用在随意的交谈中，但对学生来说，对他们的感受和对他们最重要的课程的哪一点提供某种形式的反思是至关重要的。以低于全速的速度进行短时间的练习将有助于教练让学生发展正确的动作，并帮助他们为课程的最后部分保存精力。在这短暂的休息期时间里，教练应该让学生做一些书面笔记，记录他们对正在发生的变化的想法。

许多学生没有意识到以全速进行训练的重要性，更不用说不使用球杆和球。然而，当考虑到全挥杆的复杂性时，这些练习对于建立适当的基础是至关重要的。尝试纠正每小时80～90英里的运动不是一件容易的事情。如果驾驶汽车的第一堂课是在交通高峰时间的大城市的公路上进行的，那么就不会有多少人能成功。想象一下，你驾驶汽车的第一堂课是在这段时间进出高速公路，就像大多数人试图通过全速练习来学习高尔夫球一样，成功率会非常低。高尔夫远没有那么致命，但错误的学习方式所带来的影响可能会持续数年。

实践和指导环节是所有学生都期待的部分。这是学生获得课程感知价值的重要部分。在小组教学中，教练必须能够在很短的时间内处理相当多的问题。回顾、评估和适当的处方都需要在几分钟内完成。为学生提供正确的想法，然后在继续之前进行几分钟的指导，这是小组课程的特点。很多时候，这些挑战会把教练推到他教学技巧的极限。专业教练应该对小组中的每个成员进行一次提问，为他们提供任务，并在继续指导下一个学生之前给予相当数量的支持和激励。在离开每个学生之前，教练会明智地让学生用自己的话对他们的任务做一些书面记录。（图 5.16）

图 5.15　教练在给培训班演示动作时，速度不能太快，因为大多数普通球员不习惯跟随顶级职业球员的动作

图 5.16　在培训班上，教练与每个人至少合作一次，最好是两次

当花时间和每个人在一起时，最重要的任务之一是确保每个学生对他们正在尝试的动

作有一个清晰的概念，他们在这个动作中的相对位置（哪些元素是好的，哪些元素需要更多的工作）以及什么动作需要融入这个动作。他们需要明白，好的高尔夫动作是在一个顺序的基础上构建的。试图在"B"和"C"到位之前完成"D"可能会导致"A"出现故障。教学和辅导环节也是小组课程中差异开始出现的地方。与每个人整个学期都在非常基本的元素上工作的团体课程班不同，较小的小组课程让专业人士有更多的空间来处理他面前的学生当时的问题。专业人士应该适应每个学生的天赋水平，他确实需要小心，不要"过度教导"，也不要花过多时间在一个学生身上，以至于其他学生得不到他们需要的指导。

◎ **后续环节**

小组课程的后续环节应该包括一个关于前一节的问答环节。专业人士应该让学生有时间讨论他们可能遇到的练习和问题。通过讨论问题，而不是个别的解决方案，专业人士可以对上一节课涉及的动作增加额外的补充，这对所有学生来说都是通用的。这就避免了课堂上使用彼此的处方来解决不属于他们在比赛中存在的问题。专业人士应该在前一节课的基础上留出 5 ~ 10 分钟的时间来解决任何单独的问题。学生们应该在继续这一节之前复习一下自己在上一节课上的笔记。

在介绍部分之后，本课的其余部分应该遵循第一节课的结构。教练应演示并讨论下一个动作与前一个动作的关系。他应该提供练习和训练，为学生做出正确的动作做准备。然后，他应该允许他们练习这个动作。在此同时，他将指导和激励学生的表现。当教练从一个学生转移到另一个学生时，持续的指导和支持是小组课这一部分的典型特征。旺盛的精力应该成为教练的主要特点。即使是很小的成功也会给学生带来兴奋感，使他们有动力继续努力。每节课结束时的复习应该让学生感到更舒服。教练不应该问一成不变的问题或提供预先准备好的总结，他应该努力观察所有的学生，并从他们身上找出任何未被问到的问题，无论是在课程期间，还是在课程结束后单独问他们。

◎ **团体课程——持续**

持续的小组课程在几个方面与培训班和小组课程系列有所不同。

第一，持续小组课的主体结构完全不同。对于注册参加这些课程的个人来说，没有真正的开始或结束点。这种结构使得个人可以在任何时候进入和离开。按能力划分学生是最佳的方法，但如果个人的日程安排或愿望需要，这种结构也会允许混合。一般来说，教练会在不同的日子、不同的时间开几个小组课。这允许学生可以选择最适合自己的时间，也可以与可能参与该计划的朋友一起参加课程。持续小组课程的重点是提高学生在高尔夫运动中各个方面的能力。该项目旨在长期培养学生。整体概念在几周或几个月的课程中呈现。

第二，持续的小组课程应该被视为辅导课程。个人将按月支付费用每周或每两周一次与专业人士一起工作。这些课程是为了那些在高尔夫比赛中达到一定水平并希望继续努力成为更好球员的人而设计的。这种类型课程的比例可能从4个学生到1个教练不等，根据课程的长短，比例可能高达10∶1。由于教练每次只花几分钟时间和每个学生在一起，因此他可以在课堂上和每个人复习几次。

第三，每个月、季度或年的课程都是提前计划好的。每个赛季中每个不同的主题应该至少涵盖两次，首先是在开始时或接近开始时进行初步评估和起点，然后是在赛季后期进行进度进展评估。每节课的时长应根据参与的学生人数和教练人数而定。平均课时通常为1~2小时。课程最多只涵盖一或两个特定主题。每节课的重点都是练习和精通（或至少是熟练）高尔夫比赛中的某个特定部分。在每个回合中提供一个较长的比赛环节和一个较短的比赛环节是个不错的主意。三个不同的部分会破坏在短于两个小时的课程中集中练习的目的。通过在日历中提供重复课程，错过一个课程的个人将有另一个机会在以后的日期对他们的比赛的特定部分进行评估。恶劣的天气和教练的紧急情况可能会要求教练为了学生的利益而不时地增加一些额外的课程。

持续小组课程包括一个特定动作的概述和给学生的作业。教练将为比赛的不同部分制定议程，并在每次课中进行讨论。概述在每节课的第一部分提供，然后在课程的其余部分给予学生个人关注。在持续小组课程中，学生被要求对比赛的不同部分工作，而不仅仅是他们想要工作的部分。根据他们需要做出的改变，给他们进行练习和训练。在课程的指导部分，学生有很好的机会做出重大的改变。他们有充足的时间打高尔夫球，并发现正确的动作所需要的感觉。通过训练和其他练习技术来学习，他们可以在没有监督的情况下自己使用。

教练在提供持续小组课程时需要非常有组织。每次安排小组课程时，他都应该有每个学生的记录。他还应该在每次与学生在线交谈时做笔记。教练的能力和练习区域的大小将决定教练在任何时候能容纳多少学生。这个小组应该至少有4个人，但也可能高达10个人。10名学生仍然会给专业教练时间，在两个小时的课程中与每个人进行两到三次的访问。教练需要高效地对学生进行评估与开出处方。持续小组课程和个人课程的最大区别是，教练不会对每一个击球进行评论。每次击球后都要求评论和调整并不是学生要成为一名更好的球员所应该遵循的推荐程序。（图5.17）

在每节课与不同个体的第一次接触中，教练应该花1~2分钟让学生了解他们在该领域的能力。几个关于练习和训练的简短问题以及挥杆的想法应该给教练提供他开始帮助学生所需要的信息。在第一次穿过队伍后，教练应该退后一步来观察整个小组。这能够让他识别出那些有困难和需要更多关注的人。第二次访问可能需要强调之前已经提到的要点，或者从不同但相关的角度进行工作。在这个场合，保持信息的简单和简洁是最重要的。有时第二次访问只是确认学生在正确的轨道上。每节课结束时的总结应该把所有的学生聚集在

图 5.17　在集体课上，教练应与每个学生花 1 ~ 2 分钟的时间来确定自上一节以来他们在高尔夫技术上的状态

一起，这是教练对个人努力做出积极评价的好时机，同伴间的认可能够增加球员的自我激励。教练应该对下节课做一个简短的预告，并以任何相关的通知来结束课程。

对学生来说，持续的小组课比单独的课便宜，但教练的收入相对于他在课堂上花费的时间要多。因为学生在这段时间里可以打很多练习球，所以小组课的费用可能比预期的高一些，但仍然比同样长度的单独课的价格要低得多。从学习效果和花费来看，对于想要提高高尔夫球技的个人来说，小组课程可能是最有价值的。提供这些持续的小组课程也是教练确定个人何时需要私人课程的好方法。私人课程和小组课程的结合将使学生在需要的时候得到个人的关注，并得到后续的持续指导。

◎ 球场课

学生们如果要求上球场课，他们会补充说，"我在高尔夫球场上的击球方式和在练习场的不一样"，"我是个好推杆手，我只是打得不够远"，或者"我只是需要有人帮我在球场上排队。"他们似乎认为，当他们踏上高尔夫球场的时候，会有某种神奇的咒语降临到他们身上，使他们的表现与在练习场上完全不同。如果没有一致的击球模式或稳定的击球，大多数高尔夫球手在练习场的表现会更好，直到这些问题得到解决。在高尔夫球场上，那些经常打不准球或不能控制方向的人打出的任何类型的低杆数都是纯粹的好运气。这不是一节球场课就能练成的。我们将从教练和学生的角度来看待球场课。

◎ 好处

球场课的主要内容应该集中在比赛管理上。教练明白，一个人在学会持续稳定地接触球之前，是无法管理自己的比赛的。他知道，紧张会导致糟糕的击球和得分，而糟糕的

图 5.18　一旦学生对挥杆有了合理的控制，并且形成了一致的球飞行模式，球场课就是最有成效的选择

基本功也会导致同样的得分，这是完全不同的。比赛管理思想包括开球时使用哪根球杆，根据洞的设计和球员的击球模式开球时使用哪一边的策略，以及利用码数使球发挥最佳效果等。关于上坡、下坡和斜坡击球以及在风中击球时的球杆选择知识和击球要领也属于这一类。

对于什么时候采取保守策略，什么时候采取进攻策略以及在球场的哪一边失误对结果的影响会更小，都将有助于一个优秀的球员在 18 洞的高尔夫比赛中节省很多的杆数。使用许多不同的球杆进行不同类型的击球是一种能力，这种能力最好是通过在练习场不断实践掌握好。阅读果岭可以在球场上学习，但球员每次出去时仍然需要在每个洞的不同位置打几个球来练习。在球场上练习时，他应该确保他没有挡住任何在他后面打球的人。（图 5.18）

球员上球场课的好处之一是能够向教练提供他在高尔夫球场上的日常和性情的例子。球场课将确定一个人在球场上可能出现的紧张程度，以及他处理逆境和好运的方式。教练还可以注意到球员如何处理每一杆。每次击球前一致的击球流程既可以增加球员信心，也可以提高舒适度，这可能使优秀的击球者在高尔夫球场上表现得始终如一。

学生也有一些关于他为什么需要上球场课的想法。打球场或任何特定的洞时策略总是排在第一位的。然而，如果没有稳定的击球，一旦球员独自一人，他可能会求助于他以前的模式。他可能会发现，无法将球打得足够远，导致成功上果岭的机会很小。学生还会坚持在高尔夫球场上练习挥杆力学，诸如距离问题、左曲球和右曲球、打厚球和打薄球等元素成为重点，而不是球场策略。很多学生也有这种想在自己的比赛中"打败教练"的隐性欲望，学生们会更多地担心如何打出完美的击球和得分，而不是去关注别人给他们的建议。他们对心理方面的想法也与教练不一致。学生更担心的是比赛的结果而不是计划和策略。例如，他更关注他三推杆的次数，而不是把球放在正确的位置；在陷入困境的球位上，他仍然采取进攻的策略，导致击球出现失误，出现很高的杆数等。

◎总体安排

这是由教练来控制球场课的元素。它应该像组织结构中的其他课程一样被对待。虽然提供了 18 洞的球场课，但 9 洞就足以对球员的球技进行准确的评估，并为他们计划进行几周的练习。教练只有在与学生一起练习了其他部分的技术后，才能安排球场课。在移动到第一个发球台之前，教练应该收集一些关于学生比赛的信息。特别是教练需要了解学生在练习中取得的进步，以及在他们高尔夫球场上遇到的问题。

球场课可以由一个、两个或三个学生进行。让球员成为朋友或彼此熟悉是一个好主意。另外，确保学生们是可以相互比较的球员，并且在同一个发球区打球也是明智的。教练的收费标准应该与他每节课的小时收费标准相当。如果学生不是会员，球场可能还会收取果岭费和高尔夫球车费。教练应该尽量安排一个小组周围车辆较少的时间。在一组快速的球员面前进行球场课，只会让所有球员感到沮丧。专业教练需要记住，这是一节安排好的课，不应该被当成周赛。他的关注点需要放在学生身上。教练实际上可能只打了几次球来展示技术。他当然不想保留自己的分数，也不想保留任何学生的分数。从不同的位置尝试不同的击球是学生们一节球场课上学习经验的一部分。

◎ 总体评估

在比赛开始前，教练应立即与球员（小组）会面，解释将在比赛中进行的评估。在策略方面，教练会观察球员是如何运用码数来攻击果岭的，以及球员在不同的地方选择用什么球杆。他还将从发球台开始观察球员在球场的3杆洞、4杆洞以及5杆洞的一些得分数据。教练和学生之间的对话将允许教练向学生解释用于设置距离的方法是否正确以及所使用的球杆是否符合当时的情况。（图 5.19）

教练将考察的最重要的因素之一是球员每次击球的速度和节奏。对于一个球员来说，很多失误都是在时机不对的时候发生的。尽管他们很努力地去改变动作，但是大多数球员挥杆的基本原理是一样的。结果质量的最大差异来自对这些基本动作的先后顺序。教练会观察学生的击球流程，并询问学生在准备击球时的心理过程。（图 5.20）

评估的另一部分将关注学生所面临的关键击球（挽回败局的击球）和得分击球。教练应该讨论努力的目标和球员使用的击球方法。教练应将学生置于特定的环境中，然后建议学生使用哪些球杆来进行不同的击球。向学生展示如何击球的示范可以有效地说服学生考虑使用另一种方法来提高他们的得分。

至少在学生的前几次击球中，教练需要评估在击球过程中出现的几个变量，这些变量可分为两类：心理和身体。心理方面包括学生打球的想法，身体方面的变量则与高尔夫运动和学生做出有效的可重复的挥杆动作的能力有关。向球员提问是了解球员在选择球杆时的真实想法和理由的唯一方法。"你需要把球击多远？"或者"风和海拔对这次击球有多大影响？"另一个心理因素是学生在"你需要在哪里打这个球，为什么？"。心理方面的最后一点是球员在击球时的信心。"你使用 6 号铁杆有多舒服？"用对杆了吗？以及你认为这一杆有多难？"

图 5.19　观察学生在一轮比赛中所经历的过程，为学生的思维过程提供信息指导，从而为学生的得分提供建议

图 5.20　帮助学生找到一种更好的方法来使用最大的误差范围和导致"最佳平均"的结果，这是一个可以提高学生比赛水平的最重要的方面之一

◎ 身体评估

　　力学变量都是关于球员的高尔夫运动和对球杆的控制。教练需要从正面的视角和从侧面的视角来交替观察学生的动作。教练应根据 14 个挥杆原理来检查学生的挥杆动作是否存在问题，还需要对下节课可能需要讨论的任何部分做笔记。球场训练课结束后，他可以为学生总结这些观察结果。因为教练在上课之前就与学生一起工作过，他会知道学生在高尔夫球场上可能有的一些倾向。教练需要分析的一个重要因素是球场上的挥杆与学生在练习场和课堂上挥杆的相似性。虽然大多数球员到达球场后不会做出不同的动作，但这种情况偶尔也会发生。（图 5.21）

　　一旦球员口头说出了瞄准点，教练应该从学生侧面检查是否与目标对齐以及由此产生的击球模式。他还需要从正面观察球员，以确定开球和球道击球时的球位。他在球员动作中观察到的错误应该在球场训练课结束时的总结中得到记录和解决，而不是试图在高尔夫球场上

图 5.21　纠正球员基本动作错误的最佳地点是回到练习场的发球台，而不是在高尔夫球场上

纠正动作。球员的挥杆节奏则是另一回事，因为它不涉及详细的位置，这是一个可以在球场上解决的领域。节奏就像胶水，把挥杆的各个部分黏合在一起。观察学生的后挥杆、过渡和前挥杆可以让教练很好地评估学生在整个挥杆过程中保持节奏的能力。

◎心理评估

教练要检查的另一个重要因素是学生在球场上击球前的例行程序（击球流程）。在选择好球杆后，他要为击球作准备。球员使用击球流程的目的是缓解紧张感和争取努力打好场上的每一杆。击球流程是一个一致的动作模式，球员在球场上每一次击球前都要重复它。球员开始进行击球前的一些常规工作每一部分都应该是高效的。这些步骤应该使球员处于可以直接进入后挥杆的位置。球员可以使用不同的方法进行完整击球和短杆击球（推杆的常规可能与开球前的常规有很大的不同），但击球要素应该是一致的。一致的程序能让球员树立更高的自信心。它还会告知球员，他们即将击球，他们的注意力需要处于最高水平。

教练应该有一个检查表，这样他可以在课程结束时和学生一起回顾比赛细节。在课堂上观察学生时，教练需要识别学生的思维是否有组织。这些选择是基于客观数据，还是受到先前结果的影响？ 在整个回合中，每一击的选择是否一致？一个做出一致选择的学生对自己正确击球的能力很有信心。这也代表了一个应该导致较低的评分的有组织的过程。学生如何处理好球场上休息的时间也可以反映在分数中。学生是表现出内心的平静，还是有高度的情绪波动？

准备方面也应该从一个击球到另一个击球保持一致。球员在击球前是否检查码数？是否考虑风、海拔、球的位置和地形？准备的另一个因素是学生从击球到击球所花费的时间。他是磨磨蹭蹭、注意力不集中，还是完全投入到当下，以一种不慌不忙但不缓慢的速度前进？别人在打球的时候，他是怎么打发时间的？

◎与球员复盘

复习的最后一部分应该包括球员对不同击球方式的执行。讨论的类别可以包括一号木杆击球、球道上的铁杆击球、切击球、高抛球、推杆和沙坑击球等。在观察学生在球场上的练习并将结果与他在练习场所看到的结果联系起来之后，教练可以就球员在高尔夫比赛中使用不同球杆击球时的速度和方向，向球员提出有价值的建议。例如，球员使用所有球杆的结果是否一致，或者球员使用不同球杆之间是否存在不一致？

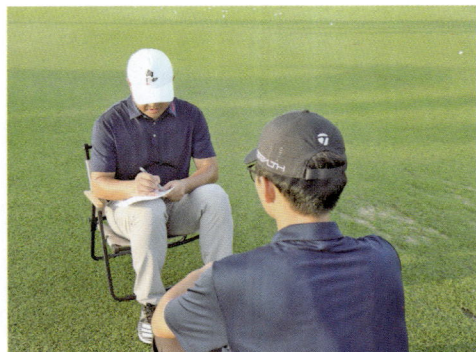

图 5.22　在球场课结束后的深入讨论为学生提供了在日记中记录笔记以备将来参考的机会

在某一轮比赛的某些时候，教练需要检查球员如何处理不同的球位和他可能面临的不同情况。其中一些会在一轮过程中发生，但有些可能需要编造。故意的左曲和右曲，低滚球和高飞球只是教练可能会让球员在球场课上尝试的一些例子。对于一些更不寻常的击球，或者如果球员总是坚持按照自己的方式击球，教练需要在解释推理的同时展示另一种选择，以及每种方法的好击球和不好击球的可能结果。

球场课结束时的总结需要由两部分组成。在第一部分中，教练应该提供一个全面的、具体的以及学生在球场上不同击球和挑战的能力的总结。（图 5.22）它应该是一份准确的报告，以教练在课堂上编写的笔记为基础。给学生提供口头和书面的评价是一个好主意。总结可以用来确定学生的长期计划。总结应该包括教练认为学生在球场上做得好的细节以及那些学生还需要做更多努力的地方。它还应该包括学生达到期望的理想目标每周应该进行的练习的类型和数量的建议，它还应该包括学生需要额外训练的具体领域。教练的额外建议可能包括力量和柔韧性训练的锻炼计划。

在总结的最后，教练可能会让学生为接下来需要的几节课预约。教练会为学生设定时间和日程安排。与此同时，他可能需要提醒学生他最近做过的练习，以及每次练习需要做的次数。

第六章　技巧和良好基础的对比

◎ **正确与错误**

关于高尔夫球运动的指导有很多来源。发布的许多指示似乎都是基于试图建立一种打球的感觉，而不是真正发生的移动。大多数的评论应该以"感觉你是……"作为开头，然后以"但是不要做得太过火"作为结尾。所有来自观看动作的个人的看似好的建议，都被视频分析程序和高速摄像机的使用所验证或否定。这些视频分析程序和高速摄像机完全停止了动作，通过锁定整个动作移动的全部过程进行跟踪记录。不管任何想要打高尔夫球的人都能获得新信息，许多这样的"参考快速修正"仍然被当作有效的方法四处传播。我们希望通过这一简短的章节来讨论其中的一些建议，并解释这些评论的基础以及在指导其他人进行高尔夫运动时应该使用的措辞。

许多高尔夫球手在接近比赛时，认为他们离卓越只有半步之遥，如果老虎伍兹让他们15杆就可以和他正面交锋。他们愿意听取任何人提供的建议，愿意尝试任何不需要大量练习的事情。有能力的高尔夫教练，在有机会的时候，需要在学生上课之前解释用来重新制订他的比赛的许多技巧。让学生明白坚实的基础，而不是权宜之计，是提高高尔夫球水平的最快方法。

在一些早期的高尔夫专业书籍中列举了一系列错误的观念，这些观念一直被用来迷惑球员，并摧毁球员充分发挥挥杆的效果。其他一些说法来自互联网和杂志，而另一些则来自当地的高尔夫练习场。大多数建议是在一个球员刚打出可怕的结果，让他的同伴喘不过气来之后发出的。搭档在寻求"帮助"他的队友时，通常会重复他听到或读到的最后一条建议。这个建议虽然本意是好的，但可能会让球员直接走上一条不完美的高尔夫之路，或者只是一时让他困惑，直到他能够将其与自己在高尔夫挥杆中已经尝试过的10或12件事结合起来。

也许最常见的建议就是告诉球员"把头低下"。这种评论的依据通常是基于击球时球的中间或顶部被杆头前缘接触的结果。实际的结果通常是由于向前挥杆时挥杆中心向上移动，身体向目标移动导致有效的击球点都落在挥杆弧线最低点前面，又或者是因为击球之前引导臂弯曲造成的。球员低着头是解决不了这些错误的，如果一个球员努力尝试保持低着头，他通常会将自己的头埋起来或锁定在这样一个位置上，以至于下巴在他的胸部，这就妨碍了肩膀在向前挥杆时的自由转动。最后，这种智慧只是作为一个发射台，会引发不同的，可能是更严重的错误。

"保持你的头不动"是另一个用来解决球员与高尔夫球接触不良的问题的说法。常见的推理式是，如果一个球员没有击中球，他一定是在移动他的头部，导致他的眼睛远离目标。同样，事实并非如此，这是另一个解决可能性带来的问题比解决问题更多的例子。如果保持头部完全静止，特别是在后挥杆的时候，就不能让球员做出正确充分的转身，过多的重量停留前侧脚一边，导致重心逆转。很多时候，球员的头部会向下和向前移动（朝向球）。（图6.1）髋部向后移动，但随着头部保持稳定，脊椎角度向目标而倾斜，而不是远离目标，这就产生了对向前挥杆的补偿需求，而这种补偿很可能导致向前挥杆时杆头轨迹变陡，容易形成外下杆或者手腕过早释放，导致击球的稳定性和准确性出现问题，从而大大影响球的飞行方向与距离。

告诉球员："保持前侧臂伸直。"这是另一个被运用到极致的特别建议。如果球员试图把前侧臂拉得太直，就会造成手臂和肩膀的紧张，从而妨碍在高尔夫挥杆时做出正确的动作。毫无疑问，许多球员在后挥杆时允许他们的后侧臂的肘弯曲，另一些人在向前挥杆时过早地让前侧臂折叠或塌陷。更好的指导建议是让球员保持挥杆弧线的宽度。出于许多潜在的原因，前侧臂出现折叠，这是球员能够处于正确的位置之前，必须予以纠正的一个问题。

"转到你的脊柱"，除了鼓励球员在后挥杆和前挥杆时进行反向的重心转移，对球员没有任何作用。球员腿支撑着，在后挥杆时必须绕着他的后臀关节旋转，在前挥杆时绕着他的前髋关节旋转。任何其他动作都不能在一致的基础上重复，否则会使球员处于一个尴尬的位置，无法与球扎实接触。

"瞄准和冲击球是相同的位置。"从许多方面来看，这是不正确的。瞄准是一个静态的位置，而冲击球是整个身体的完全同步运动。要使球杆移动，必须产生生力。在一个高效的高尔夫挥杆中，髋部旋转，很好地超过瞄准位置，并且比原来的位置向前移动了几英寸，球杆的握把端也比原来的位置向前移动了几英寸，这时球杆杆身轴向下弯曲，需要手向上移动几英寸来减小这个影响。脆弱的肘部比在瞄准时有更多的弯曲，右肩更低，以便对球的后部施加更大的力量。

"感觉自己像是坐在吧台凳子的边缘。"实际上会让球员的脚后跟承受太多的重量。通常情况下，球员的膝盖会过度弯曲，导致臀部下垂，远离球（背部）；上半身会更加直立，以平衡球杆的长度。在这个姿势下，球员几乎没有机会旋转臀部，唯一可能得运动是向前移动脚趾。对大多数人来说，这可能不是正确的建议。

"上杆顶点球杆需与地面平行。"每个人挥杆的长度取决于他们的柔韧性。有些高尔夫球手挥杆的幅度比其他人大得多。有时，试图让球杆保持与地面平行会导致前侧臂的过度紧张或者弯曲。球员应该尽可能地将球杆向后挥动的同时保持对球杆的控制。伸展和其他柔韧性练习可以改善这个姿势。球员手腕的铰链程度也可以成为球员挥杆长度的一个因素。

"瞄准时要放松。"高尔夫挥杆需要力量和速度使高尔夫球移动到所需的距离。球员应该像运动员一样做好击球的准备，应该有一定程度的肌肉张力，让球员能够转动身体和挥动挥杆。有一种安静的兴奋感让球员把控球杆并开始挥杆。

"完美的挥杆是从内到外。"一个由内到外的动作可能导致球员击球右曲或左曲。如果太严重，会使球接触到球杆的杆颈部分。球员应该尝试着让球杆沿着目标线向下移动，然后在击球后稍微向内倾斜。

"像握小鸟一样握杆。"这样的握杆压力不足以控制球杆。球员应该将球杆握得足够牢固，以控制球杆的运动，使球杆在上杆顶点没有任何过度的滞后或在松软的运动下改变方向。速度更快的挥杆者需要用更大的握力来握住球杆。无论如何，握力不应该太大，以至于限制了手腕的绞合能力。但从深草区击球，尤其是茂密的深草区，击球需要用更大握力来握杆。

"把球杆挥回内侧。"这遵循了由内侧到外侧的建议。如果挥杆是从内侧开始的，那么它一定会以某种方式到达那里，所以只要让它经内侧收回就可以了。这种思路的最大问题是，一般人一开始挥杆时就把它拉到内侧很多，然后必须做一个补偿动作，使杆头足够接近正确的下挥杆平面，以实现扎实的接触。这就是"两个错误不等于一个正确"这句老话特别正确的地方。（图6.2）

"把球杆挥得低而慢。"可能会带走球员的自然节奏。这个建议可能会导致高尔夫球手做出快速转向。当球员改变方向太快时，可能会出现各种挥杆错误。向前挥杆的运动学顺序失去平衡，球员根本没有机会打出高质量的高尔夫球。

"在后挥杆时保持你的前侧脚跟向下，或者在前挥杆时保持你的后侧脚跟向下。"如果球员不是非常灵活的话，就会产生一些不寻常的击球效果。对于大多数人来说，在挥杆过程中保持任何一个脚跟向下，都需要在顺序和姿势上进行某种补偿，才能以杆面的甜蜜点扎实触球。当然，脚跟提起不应该作为一种动作出现，而只应该作为身体运动的一种反应。一般来说，如果球员有良好的身体旋转，几乎不可能保持脚跟平贴在地面上；因为是相对位置，所以离地低才是正确的评价。这一信息的目的是在任何方向上都不要主动提起脚跟。

图 6.1　保持头部静止会产生一些不寻常的看起来非常无效的后摆杆动作

图 6.2　向后挥杆轨迹太靠近内侧产生的问题比矫正的问题要多得多

　　这些只是球员们从他们喜爱的高尔夫球友那里得到的许多想法中的一小部分。正如你所看到的，这些想法没有事实依据，而且往往弊大于利。通过让学生告诉我们他们在挥杆的时候在想什么，我们可以了解他们很多糟糕的击球的原因。试图提高挥杆的效率可能是很难的，除非教练澄清球员对高尔夫运动的误解，而且这种误解在过去的某个时候似乎是有效的。

附录一　表格和项目

日期：_____

姓名：_____　　性别：□男　□女　　年龄：_____

地址：_____

电话：_____　　电子邮件：_____

打高尔夫球的频率：□<2次／年　□2～4次／年　□4～6次／年　□6次／年或更长

差点_____　　平均分_____　　最低分_____

你认为自己是　□初学者　□中等水平　□高等水平

简要列出任何身体限制（包括手、脚、膝盖、臀部、肩膀、手臂或背部的问题）：

_____

_____

_____

列出你参加过的其他运动：_____

_____

列出任何以前的高尔夫课程（团体课或个人课程）；

按年列出讲师的课程细节；同一领域的几节课将计算为一节误。

年份_____　　教练_____　　课程重点_____

年份_____　　教练_____　　课程重点_____

年份_____　　教练_____　　课程重点_____

□我没有接受过任何正式的高尔夫训练。

你多久打或练习高尔夫一次？

□每个月一次　　□每周练习（＿＿＿＿＿小时）

按以下（1～5）项列出你最需要改进的地方（1表示最需要）：

发球＿＿＿＿　　球道木＿＿＿＿　　长铁＿＿＿＿　　中铁＿＿＿＿　　短铁＿＿＿＿

我有一些问题：＿＿＿＿＿＿＿＿＿＿＿＿＿＿＿＿＿＿＿＿＿＿＿＿＿＿＿＿

将你最需要改进的地方（1～4）排序（1表示最需要）：

推杆＿＿＿＿　　切杆＿＿＿＿　　劈起杆＿＿＿＿　　沙坑球＿＿＿＿

我有一些问题：＿＿＿＿＿＿＿＿＿＿＿＿＿＿＿＿＿＿＿＿＿＿＿＿＿＿＿＿

按照你认为你学得最好的顺序（1～4）对以下内容进行排序（1表示最好）

视觉＿＿＿＿　　感觉＿＿＿＿　　解释＿＿＿＿　　试验和错误＿＿＿＿

我的高尔夫球杆是：

旧的＿＿＿＿　　现成的＿＿＿＿　　散架的＿＿＿＿　　定制适合＿＿＿＿

球杆适合＿＿＿＿　　日期：＿＿＿＿＿

我的高尔夫训练目标包括：＿＿＿＿＿＿＿＿＿＿＿＿＿＿＿＿＿＿＿＿＿＿

＿＿＿＿＿＿＿＿＿＿＿＿＿＿＿＿＿＿＿＿＿＿＿＿＿＿＿＿＿＿＿＿＿＿＿＿

＿＿＿＿＿＿＿＿＿＿＿＿＿＿＿＿＿＿＿＿＿＿＿＿＿＿＿＿＿＿＿＿＿＿＿＿

最初的比赛评估

学生：＿＿＿＿＿＿＿＿＿　　日期：＿＿＿＿＿＿＿＿＿　　教练：＿＿＿＿＿＿＿＿＿

挥杆前

握杆：＿＿＿＿＿＿＿＿＿＿＿＿＿＿＿＿＿＿＿＿＿＿＿＿＿＿＿＿＿＿＿

＿＿＿＿＿＿＿＿＿＿＿＿＿＿＿＿＿＿＿＿＿＿＿＿＿＿＿＿＿＿＿＿＿＿＿＿

站姿：＿＿＿＿＿＿＿＿＿＿＿＿＿＿＿＿＿＿＿＿＿＿＿＿＿＿＿＿＿＿＿

瞄准：_____

_____

挥杆中

后摆杆：_____

_____

前挥杆：_____

_____

击球瞬间：_____

_____

课程的目标：_____

_____

练习和实践：_____

_____

下节课：_____

课程结构 – 时间框架				
课程步骤		30 分钟	45 分钟	60 分钟
开课	简介：与学生对话；高尔夫球的历史；对比赛的期望	0：00—0：03 分钟	0：00—0：03 分钟	0：00—0：03 分钟
开始流程	观察：观察动作 - 面向；在线以下；向后 球杆检查：提出问题：选择和性能	0：03—0：06 分钟	0：04—0：08 分钟	0：06—0：11 分钟
击球后的短暂休息	学生陈述目标：最终结果；时间框架；承诺	0：00—0：03 分钟	0：00—0：03 分钟	0：00—0：03 分钟
回到分析	分析：视觉设置；运动解释的问题；预期的变化	0：06—0：09 分钟	0：08—0：012 分钟	0：11—0：16 分钟

续表

课程结构 – 时间框架			
课程步骤	30 分钟	45 分钟	60 分钟
处方	更正：练习和实践；基本动作练习	0：13—0：15 分钟	0：17—0：23 分钟	0：23—0：31 分钟
练习	教练：完善运动；提出问题；减少分歧 动机：澄清概念；提供积极的反馈	0：16—0：22 分钟	0：23—0：33 分钟	0：31—0：46 分钟
回顾	回顾变化：观察到的变化；综合时间；演习；练习	0：22—0：25 分钟	0：33—0：38 分钟	0：46—0：52 分钟
总结	回顾：总结学生的问题：学生识别纠正、演习和练习；学生做笔记；教练确认；DVD 或互联网摘要（可选）；安排下一个会话	0：25—0：28 分钟	0：38—0：42 分钟	0：52—0：57 分钟
	开放：准备下一节课	0：28—0：30 分钟	0：42—0：45 分钟	0：57—0：60 分钟

第二部分
进阶教学

Champs only!

◎教学方法的介绍

在《高尔夫运动基础》一书中，我们介绍了高尔夫运动中涉及的规律和原则的基本前提。我们已经介绍了距离和方向的规律——杆面角度、挥杆轨迹、杆头速度、击球角度和甜蜜点——是如何结合在一起产生理想或不理想的球的飞行的。在学习挥杆前原则的过程中，我们了解如何从传统接受的初始位置开始挥杆，跟"过度打开杆面或关闭杆面、身体和杆面的错位，姿势不平衡来开始击球"相比，需要更少的挥杆补偿来进行良好的击球。一项关于挥杆原则和相应偏好的研究解释了为什么不完美的位置可以产生好的击球，而正确的位置在不当的时机如何导致糟糕的击球。（图1）

短杆的力学原理分析了基本的短杆动作。它提供了一个清晰的基本观点，球员需要打出基础的高尔夫球击球。短杆的高级元素着眼于不同的击球技术，并使用高尔夫相关教学分析软件来分析基础短杆的击球动作。在高尔夫教学中，我们可以使用先进的教学分析软件（V1、AIGolf等）分析不同能力水平球员的挥杆顺序，并讨论在较短的时间内可以带来这些变化的动作改进方向和技术纠正。

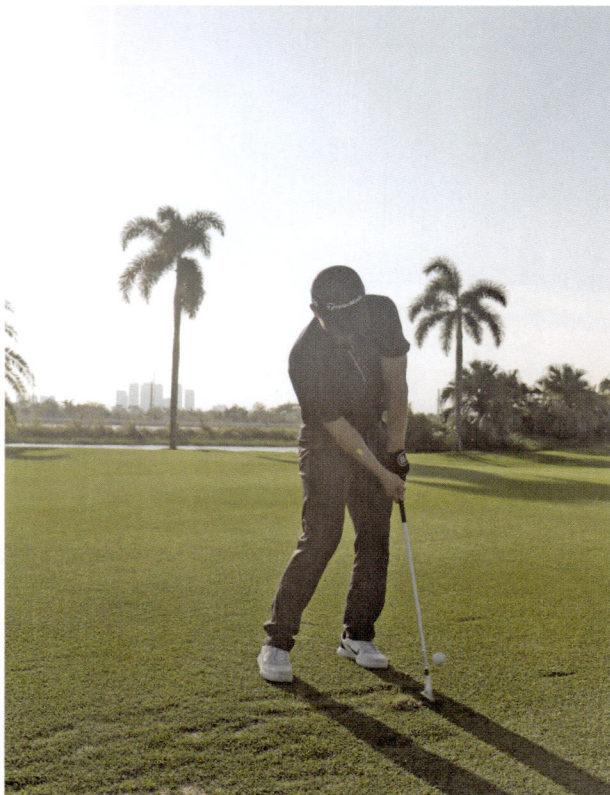

图1 从良好的基础开始，高尔夫球手有更好的机会产生令人满意的结果，很少的挥杆补偿

　　进阶教学（高级教学）依托对高尔夫各个部分的挥杆和技术纠正得以继续发展。在不断练习中识别不同类型的错误是本课程的一个重要部分，这些错误可能发生在不同水平和不同身体能力的学员身上。课堂演示和讨论将利用模型给学生带来挑战，涵盖了各种不同结构、能力和挥杆误区，使他们找出错误的真正原因，找出可行的修正方法，找出最有可能使学生快速进步的解决方案。（图2）

　　进阶教学（高级教学）还将包括教学业务的各个方面，课程并不都一样，也不应该一样。然而，每节课的安排和授课方式可以让教练成为训练有素、极具能力的专业人士。关于个人课程、团体课程以及比赛的改进和长期计划的信息将包括在材料中。营销和留住学生的程序是许多高尔夫教练都认为没有必要忽略的要点，毕竟，他们是唯一能够正确治疗高尔夫大众痼疾的人。即使是最好的教练也需要招收新学生并留住他们的学生，以获得经济上的成功。

　　学生们也将有机会拍摄学生的挥杆片段，并提出自己的分析和改进建议。课堂演示将让学生看到不同的挥杆和许多不同的纠正可能性。它将让学生认识到常见的挥杆错误，并通过练习来纠正。课堂讨论将为学生提供机会，提出不同的解决方案来纠正错误。

图2　高级教学将强调识别所有类型球员的挥杆错误，这将有助于为球员提供更快更持久的结果

第七章　教学理念

◎介绍

　　所有的优秀教练都会为自己的分析和纠正系统建立基础，以帮助他们的学生提高。其中大多数都被记录下来，可以在他们个人的网站上找到。这种理念是他们通过观看别人的教学、阅读大量关于高尔夫挥杆的相关信息和讲授成千上万的课程中获得的知识和经验的产物。它不是教练用来指导学生提高高尔夫水平的详细方法或系统。相反，它是一个概括的陈述，表达了他们帮助学生实现既定目标的主要原则。这是一个概念，它是教练确信的能够帮助学生改进的最好的方式。这是一种针对学生的整体或"部分之和"的方法，可能涉及执行、表现和比赛的乐趣。教练为自己设定了一条道路，即通过这个有组织的框架来指导他的教学。此外，他还为学生提供了一个总结，说明教练的指导方向，以及在几节课的过程中期望获得的信息。

　　尽管大多数优秀的教练都有自己的教学理念，但并不是所有的教练都把它写在声明中，可以贴出来或提供给学生。教练不怕发表的声明能够让他的学生知道，他发布的信息、他发布的方式，以及他认为在改进道路上最重要的要点，都有坚实的基础，应该经受住来自任何方向的公众监督。

　　在教学的早期阶段——新手和有能力的教练还处于给学生上课的学习和实验模式中。他们的教学理念可能每年甚至每季度都有变化。这些变化大部分都不大，但它们可能非常重要。有能力的和熟练的教练已经在高尔夫挥杆中至关重要的动作方面巩固了他们的过程和思维。这些个人理念的变化主要是用更容易被学生理解的术语重述了他们关于高尔夫运动的具体概念。专业教练将他的理念提炼成一种简洁的信息，可能不超过一两段，它结合了所有准确总结他对高尔夫球教学的想法的元素。（图 7.1）

　　在高尔夫教学理念发展的早期阶段，我们想从理念的陈述开始，然后设计出一种方法，描述你认为让学生走向更好高尔夫的最佳途径。你需要考虑那些你认为对高效挥杆很重要的基本要素，例如，学生可能是什么样的学习者、健康和营养的重要性、合适装备的重要性，以及学生参加这项运动的可能动机。

　　基础教学理念可能包括对姿势、平衡、紧张、手臂和身体、大肌肉和小肌肉、可接受的动作和结果的评价。学习方式应该决定材料或信息的传递方式。杰出的教练更喜欢运用个人感受和图片，并完全相信是手臂的运动使身体移动到正确的位置。另一位著名的教练相信建设性的学习理论，在这种指导下，学生将找到他们自己运动的最佳方式。大多数教练都有类似的方法，这些方法反映在他们的理念中。从表面上看，这些专业人士所描述的基本概念限制了他们帮助所有可能向他们求助的人的个人能力。一般来说，这些类型的教练将适应那些不适合他们框架的学生的模式。尽管他们可能一直追求一种教学理念，但许多数人都明白，有些人可能需要其他选择。但有时，教练会坚持不懈，继续推动学生走向他的"完美的理念"。在经历几次这种毫无成效的课程后，不管最初教练的名气有多响亮，学生都会找到另一个教练。

与健身和营养相关的新概念，对一些教练如何进行高尔夫教学的问题上已经产生了相当大的影响。在加入这一特殊的潮流时，要记住的一件事是，在美巡赛和冠军巡回赛上有很多不同体型和灵活性的人都打得很好。球杆装备已经变得更加精致了，而不是像以前那样，球员把他们的球杆放在混凝土上敲打，以此来改变特定球杆的那些不太正确的球位和杆面角度。重量、杆面角度和杆身的精确匹配，改变了教练对"帮助学生最大限度地发挥他们的潜力"这一过程的看法。（图7.2）

图 7.1　提供高质量的教学是教练经过一段时间发展和完善的过程

图 7.2　大多数教练会遇到各种身材和灵活程度的球员

教学理念的最终陈述应该着眼于对学生的好处。即使是最有经验的教练也要通过学生的成绩来衡量。如果学生不能或不愿意将其应用到自己的运动中，那么教练的知识对任何人都没有任何帮助。教练的理念应该允许所有的学生根据他们的能力水平、可用时间和动机程度来追求他们的个人目标。

当你在写第一哲理的时候，要明白，尽管它很好，但你可能会决定在这个学期结束之前改变它；或者在上了几百节课之后，你可能会在参加了一个顶级教练的研讨会之后改变它；但话又说回来，当你了解行业内最新最热门的指导书后，你可能丝毫不会决定改变它，而只是对基本概念进行细化。如果你决定放弃这些原则，在意识到后两种情况下，简单地复制别人的方法作为自己的方法可能会使你偏离你真正相信的、让高尔夫运动走上正轨的方法。当你以前的方法不能解决某个学生的问题时，可以多次进行实验。然而，为了保持你想要的信誉，你需要发展你自己的基本理论来帮助指导那些你可能考虑采用的方法。有很多方法来改进高尔夫球动作，但你选择的路径应该只包含那些与你自己对高尔夫挥杆的概念相匹配的元素。

把你的想法写下来的过程为你的高尔夫运动概念打下了基础。在最初的几年里，定期回顾这些思想是很重要的。随着你指导更多的人、阅读更多的教学材料、观看别人的教学、参加顶级教练的研讨会，你将调整自己的教学方法和完善自己的整体理念，使学生能够更好地打高尔夫球。在没有仔细审查你所有的原则之前，不要接受改变，但也不要忽视那些乍一看与你的信念相冲突的想法。仔细检查这些其他的争论点是你成长为优秀教练的唯一途径。每个学生都带着一套不同的参数来找你：身体和心理属性，没有一种完美的方法可以让你像"橡皮印章"那样，来提高整个人群的高尔夫运动水平。

我们已经讨论了教练应该形成的基本理论。与此同时，教练需要一种方法，他将用来概述课程、识别学生高尔夫运动中的错误以及为学生开出提高高尔夫球技所需的药物和剂量的高尔夫运动中各个元素的重要性的序列。开发该方法的一些考虑因素可能包括：从学生那里收集到的有关他们的动作、目标和改进承诺的信息，巩固提高高尔夫运动的方法，以及为纠正运动中的错误的优先顺序。教练还可能要考虑向学生传达错误信息和纠正的方法，将局部或整体的方法纳入课程，建立对于感觉、力学、健康和灵活性，以及对高尔夫运动的积极和消极的认识。最后，教练还要建立现实参数的方法。

开发你的方法：

根据以下每一个部分写下你自己的心路历程，并使用这些信息来形成你当前进行高尔夫球教学的基本理论。

学生信息：

1. 在开始上课之前，你需要关于这个学生的什么信息？你如何获得这些信息？之前课程经历的信息有多重要？设备信息？学生的目标？

_____

_____

2. 你用什么技巧和学生建立融洽的关系，让他们对你这个新的高尔夫教练认可？

3. 你观察高尔夫球手动作的步骤是什么？你们所有课程都使用视频吗？

_____

_____

_____

_____

_____

_____

_____

_____

_____

_____

_____

_____

4. 在高尔夫运动的下列领域，你采用的原则是什么？

瞄准：_____

_____

_____

_____

_____

_____

_____

_____

后摆杆：_____

_____

_____

_____

_____

_____

前挥杆：_____

_____

_____

_____

_____

_____

5. 你为学生提供了多少关于他们高尔夫运动的信息？你强调的是积极因素还是需要调整的因素？你是否将这些信息与他们之前对高尔夫运动的认识以及他们的学习风格相匹配？你如何适应学生不同的学习方式？

_____

_____

_____

_____

_____

_____

_____

_____

_____

_____

_____

6. 你在运动中纠正错误的顺序是什么？你如何平衡差点水平与能力，以及学生改变的时间要求？

_____

_____

_____

_____

_____

_____

_____

_____

_____

_____

_____

_____

7. 你使用什么方法和训练器材来纠正学生的挥杆错误？当他们独立运动时，你如何帮助他们合并改变？

_____

_____

_____

_____

_____

_____

_____

_____

8. 由于课程只是学生纠正过程的第一步，你如何提供动力和指导来帮助学生取得持续的进步？

9. 一堂课为学生提供了知识和提高的途径。你如何确保学生理解了他所接收到的信息？你如何确保学生能在运动中做出所需的改变？

10. 你跟进学生完成课程的过程是什么？你会立即安排后续课程吗？你是否与该学生保持联系，以确定他运动水平持平或退步？当学生努力提高他的高尔夫球技时，他应该多久接受一次你的建议和指导？

11. 你如何结合所有不同的领域的比赛，以确保这个人成为一个更好的高尔夫球手，而不仅仅是完成一个更好的挥杆？

_____

_____

_____

_____

_____

_____

_____

_____

_____

_____

_____

_____

_____

_____

教学理念

你的教学理念应该是对你的高尔夫球教学方法的概括。整个理念不应该超过 3 或 4 个段落，但应该包含你认为应该在与学生合作时完成的基本元素。当你调整好你的理念时，把它写在下方。当你成长为一个导师时，你就可以参考它了。

_____

_____

_____

_____

_____

_____

第八章　创建一个教学业务

◎介绍

自 1857 年 21 岁的亨利·布劳厄姆·法尼撰写第一本高尔夫指导手册以来，高尔夫球的教学已经走过了漫长的道路。那些对教学感兴趣的人有许多可用的资源来建立他们的知识库。书籍、磁带、视频、高尔夫网站、研讨会，甚至是专门培训高尔夫教练的学校对任何一个想要追求这一爱好的人来说都触手可及。一旦媒体开始涉足高尔夫教学的元素——电影院里的鲍比·琼斯系列，有球杆和挥杆顺序的高尔夫月刊杂志，以及后来的高尔夫电视转播，公众开始意识到可能有一更好的方式来玩这种被称为高尔夫球的运动。而且有合格的教练愿意为一小笔费用透露他们严守的秘密，从杂志上的技巧扩展到关于如何在这项难以捉摸的运动中取得卓越成就的完整的秘密。美国高尔夫球协会开始了一项官方培训计划，将教学与高尔夫业务的许多其他方面结合起来。女子职业高尔夫联合会甚至把教学作为他们第二等级成员的基础（比赛是主要等级）。高尔夫教练联盟在 35 个国家拥有会员，并为在其中接受培训的个人提供四个级别的会员分类。（图 8.1）

教授高尔夫球本身已经成为一门生意。随着最新技术的进步，教学已经从户外的高尔夫练习场和球场转移到室内，这些新技术可以测量个人挥杆动作的各个方面。健康和健身在高尔夫球场取得了重大进展。要想成功从事专业教学的工作的人需要对高尔夫挥杆有很好的了解、很好的沟通技巧、扎实的商业头脑，以及永不停息的精力。（图 8.2）

图 8.1　"只需花少量费用"，任何愿意花时间追求理论基础的人都可以获得高尔夫的秘密

图 8.2　高尔夫运动的教学艺术是高尔夫教学重点

我们将着眼于那些想要将教学作为职业主收入的高尔夫专业人士。首先，我们来看看专业人士如何进入教学业务。他们会考察不同的地点，这些地点的设置类型以及专业人士可以使用的不同类型的技术。甚至在业务开始之前，市场营销就扮演着重要的角色。根据地点的不同，有许多不同的项目可以用来吸引顾客。获得业务只是第一部分，如果通过教练的教授能够让学员在高尔夫球运动中做得非常好，他们就会成为你的回头客，甚至成为你的代言人，这样就能够在没有昂贵的广告花费的情况下增加客户名单。开展一个成功的业务，比把你的名字写在一叠名片上，分发出去，然后等待业务的到来会更有意义。一个在业务上成功的教练，必须对他自己的生活和事业都有一个有组织的计划。

◎ 开始

在一个人花太多时间开始教学事业之前，他需要概述自己的人生目标，以确定这种追求在所需要的时间内是否会带来他想要的回报。就像任何一个企业主同时也是"首席厨师和洗碗工"的企业一样，管理一个成功的培训机构将消耗更多的个人时间，而不仅仅是站在发球台与客户交谈。即使这个教练只是想利用业余时间通过做兼职来增加收入，他也必须做好职业礼仪，就好像这是他唯一的收入来源一样。

许多人在决定从事运动教学时，不会考虑自己的人生目标。个人没有考虑他们为什么上课要站在发球台上或沙坑里，或者在各种天气里试图帮助那些明显是初学者的人，帮助他们实现对这个运动的目标——这项运动让他们着迷，占据了他们相当一部分有意识的思考。这些人需要问自己的问题是：我是否有足够的耐心来帮助自己的客户克服缺点，使他们成为一个更好的击球者以及获得更好的杆数，尽管我知道这需要很长的时间；我是否足够聪明，能够帮助所有要来我这里学习的人？我是否会利用自己的时间尽可能多地学习这项运动的所有动作？我将如何处理那些我无能为力的人？我能否将自己与该地区的其他教练区分开来吗？我是否制订了一份切合实际的、涵盖业务的启动和发展的业务计划？我是否有合适的设施来处理大量的业务？最重要的是，我真的喜欢教学吗？每个人都有成百上千的问题需要问自己，但最主要的一点是，他需要明白自身是否准备好了面对所有的困难和回报。

如果专业人士开始为别人服务，或仅将教学作为他被雇来做的工作的一部分，那么他不需要担心企业的法规和执照。而对于那些试图以独资经营者或公司的身份开展教学业务的人来说，法律要求要严格得多，明智的做法是咨询该地区政府相关管理职能部门，了解该地区的所有具体规定。

想要在运动教学方面取得成功的专业人士首先需要确立自己的使命。他是否只是为了赚钱，他是出于降低学生差点的利他动机，还是只是想让他们对自己打高尔夫球的方式感到满意？他需要有一个实际的想法，他每周可以花多少时间，或者应该花多少时间，才能把生意发展到一个高水平的盈利能力。了解自己为什么从事这一职业，可以为教学专业人员提供一定程度的动力，使他对这一

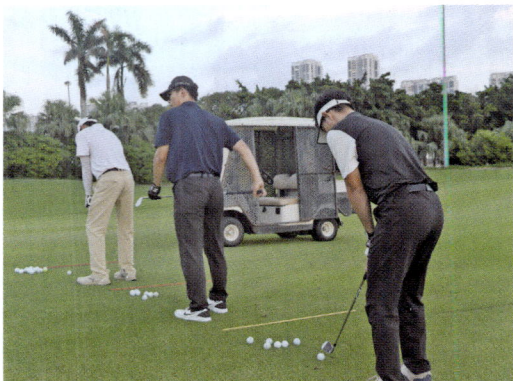

图 8.3　开展教学业务的一个考虑因素是该地区的总人口和高尔夫球手的百分比

业务保持兴趣，并不断提高自己的能力。如果权衡了所有积极和消极的追求，那么他需要制订一个指导他完成创业和产生盈利的业务计划。一些公司提出了 10 ~ 12 个问题，每个人都应该用这些问题来定义自己和未来的业务。这些都是适用于任何业务的一般性问题，但它们也非常符合我们的目的。这些问题将引导我们下一步详细了解任何商业计划应该包含的信息，以及如何将计划写在纸上的一些想法。（图 8.3）

你的商业理念是什么？如果你需要找到支持者，他们可能并不清楚你真正想要做的是什么。在这方面的说明可以证明你自己的决定是正确的，也可以让其他人知道"是什么"。

企业是否满足了需求？高尔夫教学是一个人会从事的不寻常的职业之一。说到底，高尔夫教学基本上就是一项咨询业务。球员在练习场和下场打球时出现的各种糟糕的问题需要得到解决，这绝对会给高尔夫教学带来一种需求。最大的问题是如何说服他们，让他们相信（打高尔夫球）确实能帮助他们解决问题，而且考虑到他们打球时间以及他们从扎实击球和降低杆数中获得的乐趣，这个代价是非常小的。

什么样的商业模式适合？除非一个人已经有了一个强大的客户基础，否则对老板来说，这基本上是一项"交钥匙"业务。一旦大门打开，所有的业务都由老板负责。随着业务的发展，模式应该改变，让教练去做那些能给业务带来最大利润的事情。

你所提供的服务（与该地区的其他人相比）有什么不同？就像医生和律师是专业化的一样，高尔夫教练也可以做到这一点。有许多人教授高尔夫运动的各个方面，但却把自己推销为短杆教学专家、全挥杆教学专家，甚至是那些整体远小于各部分之和的头脑和心理教学专家。高科技技术产品和著名球员作为学生都为教学专业人士提供了可以增加业务的吸引力。

市场的规模有多大，业务规模应该有多大？当涉及实际的客户基础和利润时，对市场

人口统计数据的现实预期是大多数创业人士的缺点之一。

你的角色是什么？你能包揽一切吗？如何控制自己是人们创业失败的另一个方面。太多、太少，在太短的时间内只会导致失败。当牛奶不断搅拌时，奶油不会浮到上面来。你能处理好业务成功所需的所有任务吗？

谁将加入这个团队？对教学专业人员来说，除了办公室工作人员或者教练们外，还包括支持你的朋友和家人，他们相信你的使命，会直接或者间接地帮助你。

下一个问题非常适合教学行业。客户愿意为你的建议和帮助支付多少钱？找到这个答案可能相当棘手。与该地区的其他人相匹配，或者稍微低一点，或者稍微高一点，甚至更高一点，都可以创建不同类型和数量的客户。需要注意的是，在设定定价结构时，大幅降低价格从来都不是一个选择，即使它在一开始的时候会产生更好的数字。对高尔夫来说，更高的价格意味着知识和质量。

你需要多少钱，你能赚多少钱？确保你的教学定价对于这两个问题都是现实的。大多数人在前端表现得太低，而在后端表现得太高。事情并不总是第一眼看起来的那样，仔细审视后，情况可能会变得截然不同。

启动资金从哪里来？在确定了实际的启动成本和业务完全开展之前所需的资金后，教练需要确定他自己将投入多少资金。一个典型的、一直以助理教练身份工作的高尔夫教练，在决定开始一个教学业务时，将很难从他微薄的积蓄中拿出钱，并且能够拿出足够的钱来维持生活，直到业务完全运作。一年的时间用来开始、选址和最初的技术投资都会给这个等式带来不同的变量。

最后两个问题会给专业人士一个评估和一个目标。第一个问题是你如何衡量成功？这可以从几个不同的方向来回答。从经济上讲，它将是企业产生的钱数。它是否符合预期，是低于还是高于最初的预测？第二个方向与个人的人生规划有关。这项业务是否仍然令人兴奋和具有挑战性，还是已经过时了？时间和个人价值观是否与之前的预测一致？以及对未来的展望是否保持不变？

你的关键里程碑是什么？这些目标的难度应该足以让你继续前进。领导者和积极主动的人都能找到实现和超越目标的方法。这个过程中最重要的部分是同时设定短期和长期的目标。一旦实现或通过了短期目标，就需要调整长期目标，以匹配当前的作战状态。同时，应创建新的短期目标，并重申为实现这些目标付诸行动。

◎撰写商业计划

希望开始自己的教学业务的教练需要创建一个详细的商业计划，即使是在启动时和前几个周期的单独操作。在上一节中，我们讨论了在撰写商业计划之前需要回答的问题。商业计划可以用来衡量企业业务的预测，你是为其撰写的人。一分写得好的商业计划会列出业务的优先级、衡量标准和未来发展方面。创建它的目的是为工作提供良好的环境和明智的负责人。商业计划是关于企业将是什么以及如何实现的一种陈述。根据文件的陈述，你将对所有的成功和失败负责。它也是一种工具，可以用来引起金融支持者、潜在员工和合作伙伴的兴趣。

该计划的主要组成部分将在以下段落中列出。我们将提供概述，因为每个业务都有许多不同的要素。这不是一个模板，它绝不是完整的。你所创建的实际商业计划将更加深入，可能会比这里列出的内容更多，但肯定不会更少。

执行概要是对属于这个业务的一部分的人的一个总结，在计划的起源和现状阶段，我们正在靠近市场，在规定的赛道上，领导者需要考虑：为什么商业需要适应市场，以及竞争的措施和策略。概要虽然要写得很全面，但应该限制在两页以内。它很像一份简历，只需要提供事实。它应该放在最后，这样它就可以作为整个计划的概述，而不是前奏。

业务描述是业务"是什么"和"如何做"的部分。它列出了使命声明，详细说明了目标，并解释了业务将对公司产生的影响。它还解释了将遵循的业务模型以及可用的公司资产和资源。

市场分析着眼于客户的人口统计数据，包括他们的需求。它准确地描述了竞争对手和你将在特定时间框架内捕获的当前市场百分比。包括在该领域已经完成的市场研究以及任何竞争分析。一定要列出你的来源，这样你的支持者和其他感兴趣的团体就会确信你有一个可靠的计划，而不仅仅是一个情绪化的观点。

此外，你的营销计划也应该包含在商业计划中。不要忘记提及你计划建立的理念以及发行方法、预期接受率和将在每个不同的媒体渠道上花费的现金数额。不要遗漏完成营销目标的时间表。

在高尔夫教学业务中，教练是管理团队的主体或整体。包括你作为负责人的角色以及你的背景，可以解释为什么你是唯一可以让这个项目成功的人。

大多数人都忘了制订退出策略。退出策略指的是该业务不再由当前的原则和管理团队运营的时段。所有人都渴望获得极大约成功，但事实并非总是如此。同时，非常高的成功率或生活目标的改变会产生改变的需求。这对于任何可能资助企业或作为股权合伙人加入的人来说都是非常重要的。

该计划的最后一部分将是一份财务报表。这纯粹是一份基于文件前面概述的预测的盈利能力的报表。这部分是之前提出的推测的事实和前提。这应该是创业最初几年的路线图。财务部分应包括主要经营假设的说明、损益表、资产负债表、现金流量表和现金管理报告。现金管理报告将是公司经营活动中最重要的部分之一，提供了现金每月流入和流出的情况。这部分应该尽可能详细地与已开发的业务相关，在启动业务之前完成现金管理报告将在启动时确定对额外资金的需求。

◎ 位置和设置

高尔夫可以在各种各样的设施中教授和学习，设施的类型并不是决定教学专业人员成功与否的最大因素。设施的类型直接关系到客户对质量的看法，因此许多教练获得了一个先机，但这并不是问题的最终答案。许多优秀的教练都是从田园练习场、市政高尔夫球场和其他类型的设施起步的，尽管这些设施似乎会抑制他们的"伟大"，但伟大的教练在任何地方都是伟大的。他们会提供多样的项目来建立他们的客户数据库，而不仅仅是那些位于"更好的设施"的客户。地理位置可以帮助教练，但却不能造就教练。我们之前提到过，优秀教练的特质和特点。无论你将在哪里设置，你都要好好记住这些。

最好的是，教练需要在社区交通繁忙地区的高尔夫球场或高尔夫练习场的工作。理想情况下，教学和练习的击球区域位置应该有一些草地，可能还有一些垫子。一个用来练习切球、劈起球、推杆和沙坑球的短打区域并不是绝对必要的，但它给了教练帮助学生提高得分能力的机会。设施不需要高端，但员工需要以客户服务为导向，场地的维护至少应该比平均水平高一点，要定期施肥、浇水、修剪，良好维护和松土。维护还应该包括定期打理和修整击球区，在不影响草皮正常生长的情况下，还能使该区域的草皮质量满足球员不断提高球技的需要。（图8.4）

图8.4　有些场地允许球员在草地上打球，有些场地只有垫子，还有一些场地既有垫子又有草皮供学员使用

如有可能，练习场上的教学区应当用标志、绳索或木制屏障与正常的练习区隔开。在这个时代，操作带有高尔夫挥杆教学和分

析软件的电脑的电力是必不可少的。击球区之外的长凳或椅子可以让球员在上课前、上课中或上课后坐下休息片刻。

◎技术和训练辅助工具

今天的教练在给学生上课时应该使用多少技术呢？一个由摄像机、笔记本电脑组成的视频系统以及帐篷下的一张桌子，教练和学生可以坐在那里复习课程，这将是理想场景的一部分。在最坏的情况下，教练需要在一个至少齐腰高的支架上放置一个户外可视的笔记本电脑屏幕。相机的快门速度至少要达到1/2 000，这样才能在看到球杆的地方捕捉到学生的动作。新的摄像机可以捕捉到每秒240帧的视频，但它们不能直接捕捉到挥杆动作。这些图片或文件需要从相机的SD卡上下载。

训练辅助器材不需要太贵。许多能够帮助球员改变路径和识别脸位的器材只需要花几块甚至几十块就可以制作或购买。其他物品可能会花费稍多一些，但对球员的帮助并不大。教练应该向其他教练或同事询问他计划使用的任何训练器材的有效性。

◎市场营销

教学专业人员可以根据自己的营销能力向他的对手收复或失地。新教练能做最重要的工作之一就是建立一个潜在的客户数据库。今天的高尔夫球手已经通过互联网去获取他们的大量信息。对于教练来说，建立一个网站、列出他的位置、他的教学理念、他的课程、他所获得的任何证书，以及安排课程或获取额外信息的说明是明智的做法。从客户那里获取信息，尤其是电子邮件地址，是开始建立客户数据库的一种非常廉价的方式。这一过程最重要的是确保任何后续工作都能尽快完成。教练很可能只有一次成功的机会，所以他需要充分利用这个机会。

名片也是一种向高尔夫社区推销他的服务的廉价方式。教练应该在名片上写上他的姓名、职业地位、工作地址和工作电话。名片的质量和印刷都要高。专业人士应该做一张既能吸引注意力又不过分的名片。

专业人士应该有一系列的课程和果程包以满足他的客户需求。对于个人课程，不建议大幅度折扣。但是为了营销需要，有10人或者更多人参加的定期团体课程可以介绍各种各样的高尔夫运动新手加入。确保你在一个小时的时间里得到的比你在个人课程上得到的要多得多。个人课程可在特殊场合提供。教练将课程的次数限制在五次以内是明智的。精明的教练会将短杆作为整套课程的一部分，因为他们知道帮助学生提升短杆水平是降低杆数的一个更重要的因素，而不是完全专注于全面的挥杆。杆数越低，学生越开心，快乐的学生更容易自觉完成各项练习和训练任务。

礼品券是很好的礼物，学生可以在生日或其他特殊场合购买。那些很难买到礼物的人，那些总是抱怨自己高尔夫球打得不好的人，可能会发现自己在练习场上承诺做一些他们一开始绝不会为自己付钱的事情。与赛事总监合作，在比赛前在三杆洞或五杆洞的球场上进行击球指导或动作分析，让教练的名字出现在赛事中每个人的面前。花时间以合理的费用提供这种类型的服务，可能会看到教练在未来几周被预约。

本节只是对高尔夫球教学业务方面的基本概述，还有更多的细节将在后面的课程中逐一介绍。

第九章　开发教学体系

◎介绍

最好的高尔夫教练不会把自己局限于等待别人来找他们的课。他们制订计划，吸引潜在的学生来上课。地点和教练的声誉是确保教练被预约排满的重要因素，但很少有人会遇到没有空位的情况，因为缺乏时间和空间会把潜在客户拒绝门外。同样，即使是顶尖的教练也需要继续招揽新学生。随着现有学生开始掌握"挥杆医生"指出的处方要素，对"医生"的监督和咨询的需求将减少为一种维护和微调。每周一次的课，应该变成每季度或每半年一次的预约。

某些教练只喜欢和更好的球员一起工作，而另一些教练只喜欢专注于初学者的教学。当教练将自己限制在这些类型的决定因素中时，可能会有缺点。与优秀的球员合作是非常有益的，因为这些球员对高尔夫挥杆有基本的了解，并且可能以更快的速度进行改进。优秀的球员已经对这项运动做出了承诺，并尽可能地在这项运动的比赛中不断提升自己的运动成绩。他们很容易理解专业术语，并对更好地发挥所需的动作有基本的概念。高尔夫是他们生活中的一个重要焦点，教练可以在个人层面上很快地和这个人产生共鸣。他们对高尔夫球有很多相同的渴望。然而，对于任何水平的高尔夫教练来说，只找那些参与这项运动时间足够长，已经形成习惯和态度的人，那是一个相当大的挑战。这也限制了教练可以增加到他的客户名单上的新成员的数量。（图9.1）

有些教练觉得他们没有信心去改变一个好的球员的动作，所以他们更愿意和那些还没有完全投入到运动中的球员一起工作。只和那些刚开始运动的人一起工作可能会带来其他类型的挑战。学生可能无法执行教练试图融入的许多动作。当学生的发展超出了教练的能力，并希望教练带他们进入下一个阶段时，那些只为初学者提供课程的教练可能需要把他们的优秀学生送到其他人那里。教练也会被锁定在一套针对不同挥杆问题的"局部"修复中。他经常无法成长为一名教练。

那些有着良好声誉的教练，那些建立了足够强大的客户群来支持某些特定人群的教练，可能能够在经济上生存下来。但实际上，大多数教练都需要与各种不同运动水平和承诺的学生合作，以实现他们的个人和商业目标。大多数教练需要与各种类型的高尔夫球手合作：年轻的和年老的、男性和女性、有经验的球员和新手，还有运动型和"电视迷"。在他们的职业生涯中，教练们会发现自己既要教健康的人，也要教那些因各种伤病而无法以传统方式打高尔夫球的人。教练的大多数学生都是为了提高水平而上课，而其他小部分人则只是为了能走出家门，远离他们不想做的事情而参加这项运动。教练的知识水平和能力需要随着业务的增长而提高。学习、适应和获得与各类学生打交道的信心，只是建立一个有利可图的课程业务过程中的几个步骤。

在看课程计划时，教练需要认识到课程计划对设施业务和增长至关重要。为了获得教学和高尔夫球手发展项目的行政支持，教练需要能够清楚地解释操作的原则，以及培养新的高尔夫球手的重要性，并帮助当前的高尔夫球手更好地运动。成为新高尔夫球手的机会不应该只局限于女性或青少年。男性，老年人，甚至是残疾人都应该从一开始就列入考虑。为改进现在高尔夫球手的打球能力而设计的项目也应该考虑适用于所有群体的球员。许多项目都聚焦于女性和青少年，而忽略了其他类别。最初，这种努力可能需要更多的营销精力，但新手和经常进行高尔夫球运动的群体的数量可能是巨大的。（图9.2）

图9.1 有些教练更喜欢与刚接触高尔夫的人合作

图9.2 理想情况下，教练应该准备好与任何可能想要上他们课的人一起上课。能够适应身体类型、力量和柔韧性将使教练帮助所有想成为更好的球员的人

课程计划鼓励使用设施进行练习和比赛，正确地引导新球手有助于树立练习的观念，也能让他们对球场设施产生熟悉感和舒适感。对于目前的高尔夫球手来说，改进项目可以

帮助他们打出更低的杆数。打得好的人往往更愿意打球。当他们在高尔夫球场时更快乐，也就更容易取悦。如果他们玩得很开心，他们就会带着他们的朋友一起分享他们的快乐。这些项目对教练的课程业务也是必不可少的。介绍性课程可以培养教练所需的新学生。随着这些学生的进步，他们可以被引导到最合适的中级和高级课程。改进计划确定当前高尔夫球手的需求，经过适当的审查，它们会向教练提供有关缺乏和需要提供的课程类型的信息。

教练需要记住，课程提供没有绝对正确和不正确的想法。只是要确定是否有足够的需求来获得合适数量的愿意支付费用的学生。在项目的规划过程中，任何领域都不应被遗漏。团体课程、小组课程、辅导和练习课程、不同的主题、不同的时间框架和长度、针对年龄组、性别和游戏区域的特定项目，只要教练做了功课，都可以完全满足他们的需求。筛选申请者、确保他们报名了正确的项目，这将确保他们愉快地度过学习期，并获得他们所期望的感知价值。

◎ 注意事项

教练提供的任何特定课程都应该是有目的的。不用说，一个单一的、片面的课程不可能满足每一个高尔夫球手的需要。教练需要通过某种类型的调查来找出哪些教学项目是需要的。要么是通过非正式的提问、书面调查；要么是通过与他的网页相连的互联网数据库。在这一点上，教练将对愿意注册的受访者的数量做出粗略的猜测，但他必须继续规划他的课程。在最大的发展范围内，教练应该有可以容纳群体和其他可以容纳个人的项目。

他应该考虑到运动的整体性——仅仅擅长某一个领域是不足以让一个人成为一名优秀的球手的。应该制订计划，提供专注于每种不同高尔夫运动的基本原则的课程。如果在任何课程中都不包括球场上的实践应用，那么学生们就会"无所事事"，就会无法成功地顺利通过这项伟大运动的球场地形。（图9.3）

人性也是教练在提供课程时需要考虑的一个因素之一。很少有高尔夫球手能完全理解学习或改变动作的过程，以及成为一名更好的球手可能需要多长时间。他们不了解练习和打球的要求，对他们来说，要想成为一个好得多的球员，只需稍微调整一下握杆，或者每隔一周在练习场的击球区练习30分钟就可以了。教练需要提供短期和长期两种课程让学生更好地理解。有希望的是，短期的课程能够强调永久的、长期的改变所需要的额外工作。在决定每个课程提供什么信息时，人性也是一个关键点。方法越接近目标市场的需求和期望，学生在课程结束时就会越满意。在每个课程中设计正确的平衡可能是一项耗时的工作，

但由此产生的客户满意度将使教练在很长一段时间内保持业务。（图9.4）

图9.3　一个有目的的沙坑教学团体课

图9.4　在练习和训练时恰当辅助的应用会让学生更容易知道自己的挥杆问题

◎适合设施

所提供的便利设施可以对课程产生巨大的影响。更重要的是，它们同时还可以限制学生的数量。设施的质量与学生的学习机会密切相关。太多的人在一个很小的区域会限制教练给学生的练习和个人关注数量。如果一个设施没有单独的区域进行劈起球、切球、沙坑球练习，或者因为距离太短，只能进行铁杆击球练习，那就连私人课程也会受到影响。只使用垫子的练习场也会使教练很难开展各种训练项目。对于没有广泛实践区域的设施，教练可以在非繁忙时间使用该场地。这种情况需要在课程中重点规划，这样当课程最终被安排好时，教练就能毫无问题地开展教学。

在开发课程时，教练可以执行的一项重要任务是为每个不同实践区域的可用空间创建总体规划。对于一个全面开展的项目，范围内的站位数量应该配置有足够空间，以允许教练在学生之间进出，而不会出现安全问题。教练还应该熟悉养护方法：剪草的时机、空气净化，以及在艰苦的练习或大量的课程之后的草坪生长。所有的视频机位，包括侧面和正面视图，都应该在主设计中考虑到。如果使用电力而不是电池供电，那么靠近电源插座是设计的关键部分。（图9.5）

在进行果岭和其他短杆练习时，教练必须决定使用哪些练习，以及可用的空和洞数。任何推杆和切球区都不涉及实际的球洞。但重要的是，教练要与主管协调他计划使用该区域的日期，以避免破坏场地维护和更换球洞。

如果有什么区域可以被认为是普遍缺乏的，除了极少数的几个洞，那就是练习沙坑。大多数练习场的沙坑都大得足以埋下一辆大众汽车，也就是说，如果教练站在场地外，这些沙坑足够容纳两个人。更少见的是学生们可以打球道沙坑球的沙坑。很多时候，沙坑课程将包括示范和一次练习，然后分成小组练习。根据设施的不同，教练需要在这方面有相当的创新性。这些考虑都应该提前计划好。

许多教学专业人员都希望或坚持在他们的课程中使用视频。理想情况下，摄像机需要设置在与范围内的其他区域隔绝的区域。它们应该被放置在人流量很小的区域，以减少在分析学生动作时屏幕上出现的"背景噪声"或其他球员的随玑图像。与几年前相比，电池已经有了很大的改进。相机和装有软件的电脑的电池都可以持续使用几个小时，但如果要全天使用视频，可能有必要安排一个位于该区域的电源插座。在总体设计中应考虑到任何既包括侧面又包括正面景观的拍摄机位。一些设施专门建造永久性的结构来容纳所有的视频设备。这对教练来说是一个巨大的好处，因为他们可以在各种天气和一天中的任何时间内运行他的程序。椅子、桌子和遮阳罩都是视频播放所需的设施，因为视频不是位于一个永久性的结构中。有了网上课程总结的可能性，教练还应该有一个网络连接或一张航空卡，这样他就可以尽快把课程发出去。（图9.6）

图9.5　由于场地的限制，一些设施的项目可能会限制参与者的数量，而其他设施的项目可能会根据可用教练的数量进行限制

图9.6　视频装置可广泛配备电源插座、遮阳篷和桌椅；或者，也可能很简单地在一个偏僻的区域设置一个单独的摄像头

教练根据现有的设备应该考虑到他将提供的课程类型。如果教练要求学生进行练习，他需要确保他有所需的所有训练辅助设备，以及足够的物品来容纳在课程中使用它的人数。一些需要考虑的物品包括：成型的握把、不同重量的球杆、弹性杆身的球杆、大量的麻绳、盒子、木板、额外的杆身、车道桩和大量的油漆。教练可能会考虑一些更昂贵的物品是：平面板、镜子、沙坑板、斜坡平台、带铰链的杆身、速度棒、激光、推杆弧和推杆夹。还有数百种其他物品，但在购买之前，教练必须有一个使用它们的计划。

进行特定训练的大型设备可能需要大量的资金支出。在将这些大型设备纳入计划之前，教学专业人员需要进行精心调查，以确定它们在经济上是否可行。价格较高的大型设备包括 K-Vest、Trackman、MEGSA、SAM Putt Lab 以及 Swing Simulator 等。这些并非全都适合每个教练的计划。专业人员必须决定设备的成本是否可以在额外的课程收入中收回。有许多大大小小的设备，教练可以决定购买。最后，必须考虑在课间如何以及在哪里存放所有的物品。

计划的设计也应该考虑到员工的因素。专业人员虽然是主要讲师，但他可能需要额外的助手。如果业务规模足够大，专业人员可能需要为教学雇用专门为其服务的员工。否则，他可能需要聘请专业人员或其他当地专业人员。当使用没有专门雇用和培训的员工根据教练的理念开展课程时，他需要对这些兼职人员进行某些类型的定向培训，以确保他们遵守约定和协议。专业人员对使用兼职员工的其他顾虑是，他们在常规工作之外的时间有多少，以及如果他们感到被从常规职位的职责中赶出来，他们会有多高的热情来从事这些兼职工作。在这个领域找到确切的平衡点可能需要一些时间。

◎项目类型

教练可以提供的课程类型是无限的。当我们观察专业教练可以提供的不同类型的教学课程时，我们发现其中一些课程可能适合几个类别。从短期和长期课程开始，我们可以进一步将课程细化，如按照年龄、性别和运动能力来划分。个人和团体课程在练习和游戏环节在矩阵中交织在一起。虽然个人课程似乎是大多数专业人士提供的最频繁的课程，但团体课程提供了最大的盈利机会和个人提高的最佳价值。我们将讨论教练可以提供的可能的方案，以及如何推动学生前进，为他们提供最大的好处，以提高他们的高尔夫球技和运动水平。

个人课程是指由一名教练和一名学生进行的课程。在大多数高尔夫球员看来，它们提供了最好的学习体验。学生们可以根据他们特定的时间框架来安排课程，他们能够得到教练一对一的关注，他们只接受针对自己独特问题的指导，他们可以要求对每一个不完美的结果立即反馈，没有人在周围看到他们实际过程的无能。对学生而言，个人课程更贵。对教练而言，个人课程需要付出更多的时间。个人课程可能更适合有学习困难的学生。

小组教学是每个教练对应几个学生的课程。这种课程让学生拥有更好的学习体验，它们比个人课程便宜得多，学生得到了相当多的个人关注，至少有足够的信息（教练在教学中给予的）能够学习一周或更长时间。所以很多时候，学生恳求教练："看我打几个吧。"

小组课在结构化的练习环节中给了他们这样的机会。小组课受到所提供的时长、小组成员能力的差异以及提供小组课程的设施的客观上的限制。小组课程对所有能力水平的高尔夫球手来说都是非常有效的，只要他们的设计得当、实施得当。（图9.7）

在提供任何课程时，教练必须记住，学生才是重点。教练只需要完成三个简单的任务：首先，他需要为学生提供他们正在寻找的信息；其次，他需要对正在调整的动作提供指导；最后，他需要为球员的身体和精神

图9.7　虽然个人课程对于试图在运动中取得进展的球员来说是一种流行的选择，但小组课程可能会让他们在时间和金钱上收获最大的性价比

上的改进提供指导，这将使球员成为一个更好的高尔夫球手。由于学生在年龄、能力和目标上各不相同，教练需要因人而异，而不是试图把每个学生都归为一类。教练应该以一种高度组织的方式来处理每一个不同的课程，并为课程制定一个确切的流程。在学生到达之前，应该设置好教学位置和训练辅助设备。无论学生的水平如何，教练在每一节课都应该表现出高度的热情。最重要的是，教练需要散发出专业的外表和态度。

课程可以划分为许多不同的类别。事实上，许多类别与其他类别交叉，这使得教练很难将它们彼此分开。除非客户基数非常大，并且有足够多的不同类型的学生来满足每个特定课程的需求，否则教练需要将学生与他所能提供的最近的课程相匹配。每个课程的最初方法可能会有所不同，但教练应该准备好根据最终的上课名单来调整自己的偏好。在本章的其余部分，我们将讨论短期和长期的课程、年龄群体、性别群体和运动能力等部分的课程。

◎ 短期课程

短期课程可以为个人或团体设计。短期课程是指那些在一个月内开始和完成的课程。这些课程提供运动的整体评价。针对单一运动领域的最短课程是团体课程、个人课程和针对单一主题的体验团体课程。它们将持续30分钟到几个小时不等。这些课程针对的是特定的个人群体、特定的组织或特定的目的。很多时候，这些课程将根据能力或年龄提供给团体或个人：初学者、中等水平球手、高等水平球手、青少年或老年人。大多数课程都是为学生设计的入门课程，或解决特定问题。考虑到时间限制，这些课程对帮助学生更好的理解他们的运动提供了额外帮助。教练知道改变需要一些时间才能被学生的动作模式所吸

收。关于习惯的研究表明，一个人需要大约正确地重复 1 500 次才能适应。就高尔夫而言，这可以理解为在 25 天内每天精确地重复 60 次动作。因为并非所有的练习动作都是完全正确的……可能需要一段时间。

◎个人课程

个人系列课程可分为长期和短期两种。课程系列通常分为三节、六节和十节。单节课和少于三节课的系列课程属于短期课程，根据学生完成这些课程的时间长短，一些六节或十节课的系列课程可能属于短期课程。教练需要在创建和安排课程之前考虑几个单独的因素。这些课程是基于学生的。学生表达的目标可能是最重要的，了解他们的运动水平可以为教练提供在短期课程中学生能取得多大进步的目标。短杆击球更适合在较短的时间内做出改变。动作不复杂、节奏较慢，对学生来说更容易控制。越长的击球越复杂、动作越快，在动作开始之前，学生就需要进行有意识的控制。一个人可以花三节课来练习高尔夫运动的基本动作，或者他们可能对提高自己的得分感兴趣。推杆、切杆和沙坑击球可能是这三节课的重点。教练需要根据学生的练习量和练球的机会来安排课程。全挥杆动作基础的改变需要在一个较长的时间跨度内进行（30 天内上三节课），而三节短杆课则可以安排在同一个星期完成。（图 9.8）

图 9.8　个人课程可分为短期课程和长期课程

◎团体课程

在研究可以提供短期课程的不同群体时，被提到最多的是青少年。大多数教练将这项任务分配给助理教练。为了提供合适的指导，给青少年带来高质量的学习体验，助理教练需要了解这个团体以及他们的学习状况。青少年是指年龄在 5 ~ 18 岁的人，除了几个方面，大多数都非常相似：年龄、之前的高尔夫知识和经验，以及他们所使用的装备类型或缺乏的装备。一些孩子可能从他们会走路时就开始打高尔夫了，而一些年纪大一点的孩子甚至从来没有拿过高尔夫球杆。他们带来的装备大多是长辈的备用球杆，它们太重、太长，球杆的握把好像打过蜡一样。教练最好保留一个各种尺寸的初级球杆清单。这些球杆的长度，总重量，杆身弯曲度和握把尺寸都符合青少年的要求。

◎青少年

青少年就像成年人一样，如果他们对某件事感兴趣，他们会集中注意力。但与成年人不同的是，他们的注意力持续时间大约只有 5 分钟。"切中要点"的演示将在正确的时间范围内提供所需的信息。高尔夫术语可能不是描述所有元素的最佳方式，用他们自己的语言会让学习变得更容易一些。当教练没有密切地注意，青少年注意力的持续时间可能会给教练带来问题。这个团队不应该太大，以至于教练和他的工作人员不能一直盯着每一个参与者。击球练习位需要稍微分开一些，握杆的规则需要非常具体，并始终如一地执行。

对于短期项目，覆盖全局将给教练提供足够多的不同关注领域，以便在参与者感到厌倦和失去兴趣之前改变主题。每个环节都需要充满活力，以保持参与者的兴趣水平。讲义必须简单易懂，配有动画或非常清晰的图片。其中许多将不会被保留，或者可能需要在学生离开后从场地取回。在课程结束时，教练会发现很多青少年在很多不同的领域都很好，但在其他很多方面都很差。当涉及这一团体的所有领域时，课程上的基本规则和礼仪是重要的元素。

注重乐趣和精力充沛对提高学习体验大有帮助。进行与每个不同学科领域相关的运动的讲解和演示，是教练保证学生重新集中注意力的好方法。在这些活动中颁发的象征性奖品具有难以想象的价值。特定群体越年轻，活动时间就应该越短。如果给 10 岁以下的孩子安排几个小时的时间，不让他们参加一些与高尔夫无关的活动，可能会让他们远离高尔夫。

一些针对青少年的创新项目鼓励教练在任何高尔夫项目中增加基本的运动技能，以培养更好的、全面发展的运动员，而不是机器人般的高尔夫球手。有些品牌高尔夫学院甚至提供发展项目，在任何一节课中只提供几分钟的高尔夫相关动作，直到学生能够充分执行与所有运动相关的基本动作技能。这对于长期课程和长期运动发展是很好的，但是对于这个特定年龄段的短期课程则应该用完全不同的思维方式来进行。在一个短期课程中，其中的一部分课程应该专门用于评估青少年在不同运动领域的特殊能力。评估结束后，他可能想和学生的家长开个会，解释一下评估结果。教练应该推荐一些方案，帮助学生解决任何可能妨碍练习高尔夫球动作的身体问题。

许多针对青少年的课程都是在暑假开始后不久举行的。这些课程通常被指导他们的助理称为"儿童保姆服务"。无论报名的学生是什么类型，教练的愿望、组织和热情都能创造出一个高效率的课程。成功的最重要因素包括快节奏的、精力充沛的、多方面的教学方法让学生觉得每一个小时像是几分钟。在学校放假的时候，用不同的挑战级别，带着不同的任务，设置很多的课程，将使高尔夫营地成为"理想之地"。对于短期课程来说，乐趣是最重要的；短期课程层面的成功直接等同于教练可能决定实施的长期课程的高水平成功。

◎女性

女性是短期课程的下一个目标群体。相关调研报告指出，高尔夫运动新参与者中，最多的群体是女性，但同时她们也是放弃这项运动的群体最多的类别。就像青少年一样，转移到打高尔夫球的女性有着不同的能力。一部分人在很小的时候就打过高尔夫球或其他运动，并且很好地掌握了握杆和挥杆的技巧；另一部分人根本就没有参加过任何体育运动，在力量水平和柔韧性方面有很大的差别。一般来说，她们的力量要比男性弱，但灵活性要比男性强。（图 9.9）

许多女性遇到的装备问题与青少年面临的问题相似。出于好意的丈夫或男朋友从他们自己的武器库给女性提供了球杆，或很慷慨地提供一些最近从当地折扣高尔夫商店"便宜"购买的球杆，让她对这项运动有个好的开始。

在这些短期课程中，考虑到所传递的信息，简单比复杂更好。教练所提供的信息如果不能被学生理解，就对学生没有任何好处。课程的介绍部分需要包括任何可能用到的非通用语言的术语。与青少年相比，给这群人发讲义将更受欢迎。大多数针对女性的短期课程旨在介绍这项运动。这些课程应该为学生提供一个完整的运动视图，包括规则和礼仪。安全也将是一个问题，但不会像青少年那样严重。

这个群体的课程最好是在"中等能量水平"——既不紧张也不匆忙的水平上进行讨论比较好。彻底性而不是数量应该是这个群体关注的焦点。这让学生有时间考虑已经传递的信息，并就任何需要澄清的领域提出问题。这一群体的差异也会随着个人关注的数量增加而出现。经验不足的学生比经验丰富的学生需要更多的时间，但教练仍然需要平衡他的时间，让每个人都有一个积极的学习经历。乐趣仍然是一个重要的元素。比起那些在课程上被"抛弃"的青少年，让高尔夫成为女性的苦差事，会让她们更容易错过下一节课

图 9.9　对于初学者来说，在不考虑身高和力量的情况下，决定何时购买高尔夫球杆是一件相当容易的事情

程，而不是处理她们对高尔夫的所有负面看法。

教练可能会考虑提供额外课程给中级水平的女性球手。针对中级水平女性球手的课程也应该如此。她们不应该包括初学者，应该更高级一点，给个人更多的练习时间。这些课程应该比入门课程高一级。对于全挥杆，教练可能会明智地增加一个简短的视频分析，或者在最初的课程中对涉及的领域额外增加一两个环节。教练可以通过监控女士们的谈话和密切关注她们的差点来确定是否需要这种类型的课程。

◎ 老年人

老年人有时间打球，而且频率还很高，但是他们的球技似乎并没有变得更好。每年，许多老年人的能力都会下降一点，或早或晚会完全停止这项运动。针对运动特定领域的短期课程可以帮助这些人恢复他们失去的一些能力，并给他们继续练习和比赛的希望。老年人也可以拥有广泛的能力。有些人从青少年时期就开始打球了，许多人打了很多年，但从没有上过课；而另一些人只是放慢了他们的工作节奏，正在寻找一些能让他们在疯狂之前走出家门的活动。

针对老年人的短期课程需要比其他群体更紧密地匹配该群体的知识水平。这可能需要将报名的人分成不同的课程班，以提高学生的满意度。虽然对这个群体而言，入门课程也是需要的，但针对这个群体特殊需求的更具体的课程对教练来说是非常有益的。针对这个群体的创新可能会让教练看到，在未来几年里，他将给这个群体提供的课程总数会出现巨大的增长。关于距离、柔韧性、困难球位击球、长推杆以及其他方面的课程将让老年人知道，教练理解老年人的问题，并且愿意开展一个帮助他们的课程。

针对老年人的短期课程不仅要注重材料，还要注重流程和组织。因为这些人中有很多人曾经是企业领导人，他们熟悉议程和礼仪。老年人的课程需要保持中等的能量水平。在专家的监督下，让参与者有时间对已经传递的信息进行反思，这能提供他们所期望的内在价值。教练需要确保他在传递信息时得到了充分的关注。当教练注意到他们正在走神时，讲一些著名球员的故事是重新抓住学生注意力的好方法。

教练需要准备克服的最大障碍之一是学生的知识。对于那些已经打球一段时间的人来说，他们会有已经练习多年的格言和陈述。教练需要准备好回答关于挥杆的各种各样的问题，这些问题支持他们打球理念。提前计划好问题可以让教练给出一个学生容易理解的答案。这种简单的解释将有助于避开学生的恐惧，并为他们提供更多的关于高尔夫运动的真实知识。对于这一群体，结果可能具有更高的重要性，但也有必要保持课程中的乐趣要素。

在打某一球或取得某一结果时向学生提出挑战，可以用来激发学生的竞争天性。

◎ 残疾人群体

直到几年前，身体残疾的学生才成为许多课程的一部分。理疗师开始在他们的康复工作中使用高尔夫球，并发现这项运动对这些人来说是一种挑战，而其他运动没有这种挑战。他们不需要跑，甚至不需要走。只有一只胳膊或没有腿的人在生活中许多简单的事情上都有问题，但他们仍然可以打高尔夫球。高尔夫为这些人的生活增添了希望和成就感。残疾运动员尽管身体有缺陷，但还是找到了挥杆的方法。他们做出高尔夫动作的能力将会非常不同。他们拥有的基础从非常高到根本不存在。他们使用的设备将需要适应他们的身体限制，但在衡量学生的态度时，他们可能是最渴望的和最积极的。

课程将需要认识到每个学生将能够做什么。学生需要的信息必须适合学生的具体情况。教练需要考虑到学习过程需要更长的时间，以及对每个人的结果进行不同的衡量。目标的设定应该和其他群体一样。教练可能需要花一点时间来熟悉不同的限制，以及在高尔夫发展的早期和后期阶段可能预期的结果，但他应该与学生一起继续学习过程。课程的基调需要高热情和慢能量（而不是低能量）。对于残疾人来说，错误的答案和正确的答案一样多。教练需要问很多问题并仔细倾听，成为这个群体的依赖。乐趣和动力将是教练应该牢记的两个术语。

◎ 组织

教练应该了解在他服务的地区有哪些不同类型的组织。在组织类别中，我们将把企业、协会和其他群体合并为一个类别。教练可以根据课程的数量、涵盖的主题、课程的长度来创建几个不同的课程。这些可能性可以涵盖任何天数，任何总时数的任何次数的课程。它们的范围可以是 5 次每天 1 小时的课程，分布在 5 周内完成，也可以是 1 天 6 ~ 8 小时的课程，甚至是公司郊游或团建时一次 45 分钟的团体课。一旦有了很多不同的可能性，他就可以把这些产品推销给前面提到的各种群体。

◎ 公司群体

我们要讨论的第一个组织群体是公司或公司集团。这部分人参加高尔夫项目通常有两个原因之一。第一种可能性是需要在适应环境的同时与客户和公司其他成员打商务高尔夫球。第二种可能性是出于个人原因，一段时间以来一直没有开始从事这项运动，而这次机会将是一个开始的好机会。

人力资源部员工可能都在寻找一个能让他们扎实地了解高尔夫运动的课程。参加这类项目的人有各种各样的能力，但大多数参加者是新手。可能会有几个学生对这个运动一无所知，但他们是被同事鼓励参加的。由于参加这类课程的球手人数可能会很多，教练需要确保每个人都有一个与他们的身材和能力相匹配的球杆。

在介绍整个运动时，教练需要覆盖基本的高尔夫运动的原理，包括全挥杆和短杆。他还需要讨论在球场上打球的程序，包括开球时间、在高尔夫俱乐部周围的活动、准备比赛等。在这类课程中，基本的运动规则和适当的礼仪是重要的信息。这些信息非常重要，因此也应该在另一份讲义中进行介绍。

关于高尔夫运动的信息应该简单，这样学生可以很容易地把注意力转移到高尔夫球场。学生需要与所有的球杆建立相当牢固的接触。他们还需要理解正确击球和通过其他方式打到正确位置的球之间的区别。让球飞起来并能够找到它是这些课程的两个重要目标。训练和练习应该模仿完整的动作，动作应该作为一个完整的动作来教授，而不是零散的。

让学生进入高尔夫球场应该是课程的一个重要部分。知道该站在哪里、如何驾驶高尔夫球车、如何处理旗杆、如何标记球、如何瞄准目标和避开障碍区，这些都能让学生看起来更像一个老手，而不是新手。仅仅是对如何打球有了更大的了解，就可以让他们在第一轮比赛中取得一些不错的成绩。

◎ 社会群体

商业社会群体将反映工作组的参数。这些群体是由特定类型的企业的上层管理人员组成的。房地产经纪人、汽车经销商、律师、酒店和其他人可能会联合在一起讨论业务。高尔夫球是这些社会群体经常使用的活动之一。一些团体，如行政女子高尔夫协会，甚至把它作为她们群体的焦点。有了这种性质的协会，可能会有一些人打了相当长时间的高尔夫，而且相当精通。

指导的基调应该倾向于运动的积极社交方面。较小的小组是一个好主意，可以让教练有机会将目标相似、能力相似的学生配对在一起。教练应该确保每个小组都分配一名经验丰富的球员，这样他就可以回答一些学生可能不愿意在整个小组面前提出的问题。尽管社交方面很重要，但这些人在高尔夫比赛中可能有更崇高的目标。基于正确执行基本动作和击球来发展结果对这一群体来说并不过分。信息传递应该与小组的目标保持一致。教练的个别指导可能会采取更严肃的语气，但积极的动机应该是教练可能发表的任何评论的底线。个人成为公民协会组织的成员，以建立商业联系，并为他们的社区提供一定程度的服务。当高尔夫提供给这些群体时，应该专注于乐趣和成员之间的互动。出于社交原因的学习可以让教练实施一种"伙伴系统"，每个学生都和一个朋友配对。每个人都听教练对他们的伙伴的建议，并根据这些指导来关注准备姿势和挥杆动作。通过在练习过程中监控练习，教练会觉得两个人一起练习更舒服，而不是在练习间隙相互干扰。与前两组相比，这些课程可以更加强调基础和击球方面的成果。

◎ 其他群体

最后我们将讨论的群体是那些纯粹因为个人喜好而在一起的人。这些人是这些群体的一部分，因为他们有一个个人目标，或者他们想要与其他人进行社交活动。体育俱乐部将有一个使用这些设施制定的会费结构，教堂将具有相同宗教信仰的人联系在一起，而青少年宫等组织则会招收青少年参加有益健康的活动。有些酒吧会有一些团体，他们聚集在一起参加飞镖、问答游戏和观看特定球队的体育比赛。许多大学都有校友和支持者的俱乐部，他们定期聚会，讨论季节性运动的亮点和不足，以及学校的发展方向。所有这些组织都为高尔夫教练提供了潜在学生的可能性。

图 9.10

像这样的群体对高尔夫球的知识和能力有着极其多样化的认识。他们在社会环境中彼此互动，通常不关心其他人在学习环境中的能力。针对这类群体的课程还应该提供高尔夫运动整个领域的概述。装备可能会成为一个问题。会有一些学生有自己的装备，也有一些学生会向别人借装备，或者只是自己来上课。拥有合适的球杆（甚至一些可以在课程期间借用）将为学生提供取得进步的最佳机会。（图 9.10）

群体中的一些人会是"专家"，他们会觉得自己的高尔夫能力与水平大大超出班级其他人。保持信息的简洁将为新手提供一个基础，并允许有才能的人进入他们自己的关注点。在这些情况下，"富人"更有可能帮助"穷人"。对于高尔夫教练来说，在向这群不太熟练的人提供信息和帮助方面，这些有才能的人甚至可能会提供很大的帮助。在这个群体中使用有重点的任务来建立基础，通常会让每个人都走上正规训练道路。由于这个类别更多的是关于乐趣和互动，所以可能会更强调结果（好的击球 - 基于运气或技巧）。然而，建立正确的基础不应该置于次要地位。使用"伙伴系统"，进行结对训练将有助于教练确定最需要帮助的地方。这也将使他能够缓和小组中"专家"的一些误导努力。

对于任何这样的团体课程，每次课结束时都要安排一个回顾。回顾演讲的基本内容是向学生提问以了解他们的想法、突出优秀的球员和其他人的进步水平。对那些那些奋斗的人给予鼓励，也许可以讲一个其他学生的故事，例如，他很早就努力奋斗，后来成为一名优秀的球员。教练还要提供下一节课内容的预告，给他们留一些可以在下一节课之前练习的练习。

◎ 为目的开发课程

也许高尔夫教练所能提供的最没有被充分利用的课程之一是可以定期提供特定比赛部分（开球、进攻果岭、短杆、推杆等）的课程。这对于推销教练的长期计划非常有用。这些课程不包括比赛的所有部分，而是只涵盖一个特定的领域，如推杆、切杆、沙坑、高抛球、距离、铁杆，或困难球位击球等。第一步是确定该区域内球员的具体需求。了解这个群体的受众结构将是规划此类项目的良好开端。确切的需求可以通过进行某种类型的调查来确定，可以是一份简短的问卷调查，也可以是与随机的个人进行一次随意的交谈。一轮比赛结束后，在商店、小吃店或停车场倾听球员的评论，可以获得有价值的信息。如果教练在球场上，球场的设计本身可能会产生这些专门的击球课程需求。通过在球场上监测球员的得分，可以发现球员在比赛过程中遇到的麻烦数量。简单地观察球员在球场上或练习场上的表现可能是球员真正需要的帮助类型的最佳指标。有时教练可能只是想提供一个课程，而不需要一个事实发现过程。仅仅是提供一种不同类型的课程就会激起足

图 9.11　基于特定目标的团体课设计的覆盖范围只包括运动的单一区域

够多的顾客的兴趣，从而使课程对教练和他的工作人员来说在经济上是可行的。（图9.11）

这些课程将以更高的教学强度进行教学设置。在理想情况下，这些课程应该针对特定群体进行设计，其中包括：能力、年龄、性别或类别（夫妻、单身、退休等）。这些都应该被认为是专门的课程，它们基于基础。在准备姿势、挥杆动作和应用方面都有更强烈的指导水平。这些课程应该分一次到两次进行。由于有许多不同的比赛区域，教练可以在整个学期（赛季）定期提供这种课程。一些例子可能包括：10个特殊球位的沙坑击球、5个追求落点精准的挖起杆、提高老年人的击球距离，对女士进行混合切球教学等。

在制订有目的性的课程时，教练需要先介绍一下击球情况，接下来的示范将着重于准备姿势和挥杆动作的细节。教练应该为学生们讲述一些基本的练习，这将使他们开始练习正确的动作，以产生最好的效果。这些课程的大部分时间都应该用于指导。当教练从一个学生转到另一个学生时，他应该强调球员的基本原理和实际动作。随着课程的继续，教练应该为每个学生做心理和书面的笔记。在团队成员的最后一次课中，教练需要总结他的分析，并提出进一步练习的建议。与其他团体课程一样，最后的总结应该强调基础知识、概述击球质量，并提到从第一次击球到课程结束都表现出非凡进步的学生。

在这一点上，教练可以提到他正在提供的其他一些适合这群学生的课程。通过使用高尔夫比赛部分课程来激发学生对教练提供的其他课程的兴趣，这些课程可以在旺季和淡季进行，可以在一周的不同日子、不同时间和不同时长进行。记住，课程时间越短，学生与教练的比例就越低。

◎特定能力者

针对特定能力球员开发的课程要求教练将教学水平与学生的能力相匹配。无论课程是针对新手、中等水平球员还是高水平球员，每个课程的设计都需要帮助学生更接近下一个水平。他们应该考虑到学生目前的情况，并提供信息和指导来进行提高。乐趣仍然是学习体验的主体，但对基础知识的关注将使这些内容不再具有社交性。

◎初学者

初学者的课程需要设置为改进课程。一到两周，总共四到六节课，将给学生们提供足够的信息和建议，让他们在几周内都坚持下去。初级课程在设计上应该更加全面，它们应该包括运动的所有方面。在理想情况下，他们应该为学生提供运动的"大局观"，包括术语和基本概念。礼仪、基本规则和高尔夫俱乐部要求的可能的协议都需要纳入学生的训练中。日程应该包括更多的时间在高尔夫运动的每个领域的最基本的方面。教练还应该引入练习来帮助球员发展正确的动作，在每一节课中都应该留出练习时间。对于这个特定的群体来说，分析和纠正将是最基本的水平。

◎中等水平球员

中等水平球员是那些在运动中有一定经验的人。这些课程的次数应在 4 ~ 6 次，为期一至两周。这些课程的议程应该重新介绍正确的基本原则，教练还应该检查学生对基础知识的掌握和挥杆概念的理解。在进行练习和指导之前，这些课程也会进入练习环节。每次训练的重要组成部分是分析每个单独区域的动作。在转到向后摆杆和向前挥杆的练习前，应该先从基本挥杆的原则开始。在几节课中，学生应该只给一次挥杆动作的纠正机会。对于处于这个发展阶段的球员来说，应该把重点放在击球结果上。这组学生将比初学者组的学生得到更多的个人关注。教练应该给学生做具体的练习，用学生的动作解决具体的问题。教练还应该花时间为学生制订一个持续的练习计划。教练也可能会推荐学生可能需要的额外指导。当安排额外的课程时，教练应该建立一个具体的时间框架，然后核实学生的承诺。

◎高水平球员

针对高水平球员的短期课程也可能相当成功。同样，短期课程应该持续一至两周，由四至六节课组成。针对高水平球员的课程应该主要是训练课程。在新赛季开始时，这些课程对球员有很大的帮助。重点应该放在微调学生的基础，帮助他们在比赛中运用不同的击球方式以及使用先进的概念和先进技术进行击球练习和实战。关于比赛管理和比赛准备的课程将为学生提供信息，帮助他们打出更低的杆数。学会观察地形和环境因素可以让球员选择正确的方式进行击球。运用积极思维，实施适当的放松技巧，建立一个稳定的常规训练只是帮助球员执行击球的一些练习。

指导球员在击球时的思维过程和击球前的准备同样重要。识别节奏和建立保持球员正确节奏是高水平球员能够在球场上使用的技巧。对于高水平球员来说，解释一次击球后好的和坏的反应的影响，以及这种反应对下一次击球可能产生的影响，应该是高水平球员课程中的一个重要部分。

对这个群体的概述应回顾那些已经提出的重要概念。每个球员都有自己完成目标的特殊方式，能够让他们在一轮比赛中始终保持平稳。让学生在最后一节课中提到他们在赛场上的最佳击球实践，可能会让其他人应用一个他们以前没有想到的概念或步骤。

◎ 长期课程

图 9.12　长期项目应该设计为几个月或几年的长期改进。训练、常规练习和整体的方法将是这类项目的典型

长期课程可以定义为学生的继续课程或者后续课程，它们能够帮助学生达到他们想要的水平。我们将讨论两类长期课程：第一类是团体的，第二类是个人的。这两个课程都将教练作为主要组成部分。一旦学生从教练那里获得知识，他们只需要确保他们记住了所有的内容，并严格遵循了教练的建议。团体课程能让学生在追求运动所有领域的总体目标的同时取得进步。这些课程被设计为持续数月或数年，定期举行，学生花费明显

少于个人课程。个别的长期课程严格按照教练一对一的方式进行。学生在追求特定的目标，并寻找更快的结果。这类课程的长度从几个月到几年不等，取决于学生对最终结果的看法。基于个性化的辅导元素，成本将会大得多。（图 9.12）

◎ 运动技能学习

在制订长期课程时，教练记住运动技能学习的基本过程是很重要的。对于一个人来说，在动作行为中获得的技能将成为一种相对永久的技能（持续和有效地重复动作的能力），个体需要经历三个不同的阶段才能从新手变成专家。通过将短期目标放在三个阶段（认知阶段、联想阶段和自动化阶段）的适当部分，长期目标将成为过程的简单延伸。教练需要了解学生在三个阶段中所需要的动机类型。

认知阶段将是最短的阶段。在这个阶段，教练而不是学生是控制者。他传递信息，进行评估，并要求完成特定的动作。他的任务是指导和激励学生在高水平的一致性中表现。

联想阶段是在学生掌握了动作的要领并开始进行一些与练习和击球相关的自我指导之后。这将是学生提问的时间，也是教练指导的时间。学生可能无法理解需要整合成一个整体的所有不同元素。他们需要被说服，动作需要完全融入他们的行为，教练需要准确地理解学生在这个指导阶段整合动作的位置。随着学生从新手到熟练，教练的主要角色也将从教练过渡到啦啦队。

对于新手，专业教练会把重点放在确保动作在一致的基础上重复。教练需要继续提供

高水平的指导和高度的动机。对于熟练的学生，指导会随着学生重复动作能力的提高而减慢。教练的支持和鼓励水平将需要保持在一个较高的水平，因为学生将继续犯错，并可能认为在开始时建立的最终目标将永远无法实现。为了达到最高水平，这段时间可能会持续几年或更长，这取决于学生的能力、愿望和工作习惯。

当学生达到最后阶段或自动化阶段，学生表现是最高水平的，他们主要靠自己的努力来最大限度地提高产出。在这个高等水平，学生将陶醉于竞争，并享受在一个始终如一的高水平表现的想法。在这一阶段，教练更接近于一个观察者，而不是一个完全参与的团队成员。教练将会在那里解决出现的问题，或者在每一轮都没有达到学生的期望水平时提供支持。

把一个人从最基本的水平提升到最高水平可能是一个缓慢而乏味的过程，但教练的回报是巨大的。教练在完成这个的过程中获得的满足感，从本质上来说比整个课程可能涉及的任何经济支出都要有价值。教练要意识到完成播下一颗种子，培育它的成长，并看到最终结果，这需要知识、经验、热情和耐心的罕见结合。当我们讨论教练可以为学生提供长期进步的课程类型时，请记住，并非所有学生都能达到他们的最终目标。考虑到学生在课程中投入的时间和精力，这取决于教练是否能让他们尽可能接近目标。

◎个人课程

个人的长期课程需要围绕个别学生的目的或具体的最终目标来制订。一些可能导致个人寻求长期个人帮助的学生目标包括：降低差点、在几个月后的特定锦标赛中取得好成绩、加入高中或大学球队，甚至参加巡回赛。在学生同意接受挑战之前，教练需要确保学生具备达到更高目标的身体素质、愿望、可用时间和职业道德。教练还需要确保学生有合理的机会实现他们设定的目标。如果目标超出了学生的能力和承诺水平，那么一段时间后，学生和教练都可能会感到沮丧。对于任何一个长期目标来说，在实现的过程中有一些短期目标是很重要的。教练需要了解学生的短期目标和长期目标。双方将共同努力制订实现这些目标的时间表。这些类型的课程需要教练有不同的思维方式和计划。由于学生对之前的承诺、工作或比赛日程产生了变化，定期安排一致的课程时间往往是个问题。

与团体课程有一个定期重复的指定时间表不同，个人课程需要根据学生的最新进展和表现进行动态调整。制订计划的初步大纲将包括预计的课程数量与频率，达到预期目标的练习量，达到这些目标比赛量，以及一个健身计划，以确保学生获得力量和灵活性来达到他们的最终目标。

教练将要求学生对每次练习进行书面记录。这包括练习的类型、练习的数量，以及学生对练习进行情况的看法。教练还应该让学生把他们下场打的每一轮球都记录下来。每轮的统计数据包括开球上球道数、攻果岭数（以及错过的数量）、果岭边上切球数、劈起球数、沙坑球数和推杆总数。一轮的表现会提到扎实的击球、失误的击球、罚杆，以及在整个一轮中始终如一的任何运动模式。视频应该用于长期课程，以识别球员运动中的积极和消极变化。视频应该用于比赛的所有领域，包括切球和推杆。

如果教练没有时间或才能让学生达到预期目标，他就不应该提供长期的个人课程。教练在与学生一起工作时要承担一定的责任。这取决于教练以适当的速度引导学生。他必须始终让他们朝着正确的方向前进。规划出错误纠正的顺序将使教练更有效率，并使学生以最快的速度前进。作为一名教练，必须找到一种方法让学生专注于自己的目标。在训练期间的每个时刻，总会有一点动摇，教练有责任建议需要的休息时间，并要求在适当的时间进行更多的练习。

长期的个人改进课程是教练将面临的最简单的挑战。教练需要帮助学生保持动力；他需要在练习和比赛上保持创新。在练习中创造比赛和挑战，并在比赛中使用创新方法，这将帮助学生保持心态上的新鲜感。教练应该为自己制订计划，定期为学生提供评估。有特定目标的学生需要明白，为什么他们做了这么多练习却没有进步。在为学生制订课程时，教练也需要意识到自己在引导学生实现最终目标方面的局限性。他需要定期检查自己是否做了一切可能帮助学生的事。

◎ 团体课程

团体课程是定期安排的课程，每周或每月举行一次。学生与教练的比例可以从 5 : 1 到 10 : 1 不等，这取决于课程的长度、设施的可用空间和教练的熟练程度。每节课都应该专注于比赛的一个特定领域。按照这种模式，教练可以每两到四个月重新审视每个不同的领域。如果人数允许，长期的团队课程应该让每个团队的学生有相似的能力。在开发这些团体课程的早期阶段，可能要求教练让所有的学生在同一个课程中见面。随着学生人数的增加，教练可以把不同能力水平的学生分在不同的班级。（图 9.13）

教练可以为学生进入不同的小组提供先决条件。在理想情况下，学生报名或者注册参加团体课程之前，教练希望与学生一起工作几次。另一种方法是让学生展示他们的能力，以便将他们安排在正确的课程中。通过为新手、中等水平球员和高水平球员设计课程，教练为学生增加了一定程度的动力，让他们进入下一个阶段。

团体课程通常没有明确的起点和终点。每个星期或每个月所涵盖的主题领域在本赛季结束前会重复一到两次。这能让教练识别和记录学生在每个不同比赛领域的进步。这个系统允许学生们在任何时候加入，而不会让他们觉得他们错过了一些重要的东西。虽然每个学生都在比赛的相同领域练习，但他们都是在自己的个人水平上进行击球练习。许多练习都是相似的，但教练应该根据学生的评估结果给他们分配不同的练习。教练需要提出出于天气原因而错过课程和取消课程的政策。

对于每一节课，教练应提供一个快速回顾和对所涉及动作的演示。然后他应该直接进行训练和练习。课程的第一次应该对动作进行快速的评估，对学生正在经历的积极和

图 9.13 团体课程将会有更多的辅导和练习。这让球员有机会在教练面前展示他们的击球表现，而不需要单独上课

消极的问题进行快速的提问和回答，并以练习和动作的形式布置作业，学生们需要在教练回来之前完成这些作业。

◎ 年龄段

为不同年龄段的学生开发课程只是将学生分成可管理班级的另一种方式。我们将研究六种不同的年龄分类，并提及教练在为这些不同类别的学生安排课程时需要注意的一些问题。我们首先要看的是正在成长的青少年。这一类别将包括年龄在 6 ~ 14 岁的人。"青少年"在过去是一个包罗万象的类别，但我们认为这个群体的年龄在 13 ~ 17 岁。青年人包括以前的球员和新加入这项运动的球员。年龄在 19 ~ 30 岁的人将代表这个群体。由于缺乏一个更好的术语，活跃的成年人研究的是那些已经过了 20 岁，还没有准备从工作生涯中退休的球员（30 ~ 55 岁）。老年人是指年龄在 55 ~ 65 岁的人群，年长的老年人包含那些高于 65 岁的群体。

◎ 发展中的青少年

直到一些体育机构开始调查青少年在其他运动中的表现，青少年才成为一个独立的群体。人们发现，太多的项目过多地关注某一特定运动相关的技能，从而限制了这一群体运动员的发展。此外，研究人员还发现，青少年所经历的不同发展阶段，女孩和男孩的情况是不同的。最后，在发展中的年轻运动员的速度、灵活性和力量方面，每个人都有不同的窗口期。

公认的成为专家的标准是 10 年 1 万小时的努力。高尔夫是一个需要更长的时间才能成为专家的领域。虽然老虎伍兹只用了 17 年就达到了他所在领域的顶峰，但高尔夫运动的平均水平至少是 20 年。在高尔夫运动中，最重要的障碍之一是在掌握高尔夫运动的漫长时间内保持兴趣水平和兴奋感。年轻人参与任何事情的五大原因都是由以下标准决定的：有趣吗？他们的朋友参与了吗？他们和其他人合得来吗？感觉好吗？他们擅长吗？5 分钟后，学生就会觉得无聊；10 分钟后，他们就会厌倦和讨厌这项活动；20 分钟后，他们就讨厌教练了。

当与这群学生长期合作时，课程的设计应该允许个人的基本动作技能的发展。只有这样，青少年才能够接受具体的运动技能指导。把运动员培养成高尔夫球手要比把高尔夫球手培养成运动员容易得多。包括跑步、跳跃、躲避和跳绳，这些运动都有助于培养一个发展中的青少年所需的技能。稳定技能应该是下一个发展阶段。敏捷、平衡、协调和速度部分将训练初级运动员的运动能力。物体控制活动，如投掷、踢、击打、接球和运球，为青少年增加了基本技能。学生的意识水平有助于将整个计划整合在一起。空间和动觉意识以及环境规则使个人能够了解他们在空间中的位置，并训练他们感知所有因素需要的位置。

图 9.14 发育中的青少年一旦表现出运动类动作的能力，如跑、跳、抛、跳等，高尔夫教练就可以开始致力于教授高尔夫运动的基本原理

诸如前臂的位置、杆面位置以及一定倾斜角所产生的弧线飞行的数量等元素都属于这类发展。过度训练和强调赢球只是这一过程可能产生障碍的两个方面；强迫学生超越他们的发展，最终只会耽搁甚至阻碍球员的正常发展。（图 9.14）

一些研究机构发布了关于年轻人某些运动属性发展的信息，认为有五种可训练的运动属性，它们都有特定的发展窗口，分别是速度、力量、耐力、运动技巧和柔

韧性。为这些窗口设计活动将使个人以最快的速度发展。在进行速度训练时，应该忽略准确度这一因素。这些概念是完全创新的，但它们是基于在运动发展领域被证实的研究。

速度对高尔夫球的击球距离影响最大。孩子的速度发展有两个特定的窗口期。男孩的年龄是7～10岁和13～16岁。对于女孩来说，窗口期发生在更早的年龄，第一次是6～8岁，第二次是11～13岁。技能的发展应该发生在两个速度发展窗口之间。男孩应该在9～12岁，女孩应该在8～11岁。无论是男孩还是女孩，柔韧性最好在6～10岁训练。大量和耐力训练需要根据个人的最高身高、速度或最终的生长突增来进行。

试图将所有这些变量纳入训练计划对教练来说可能是一个相当大的挑战，但它可以为退出该计划的球员带来巨大的回报。使用青少年的发育年龄而不是实际年龄来建立小组，可以让那些在实际年龄之前的学生以适当的速度前进，同时给那些在发展上落后的学生迎头赶上的机会。许多奥运金牌运动员在他们的发展阶段被归类为大器晚成者。任何针对青少年的长期项目，最重要的方面是让他们参与进来、接受挑战，同时给他们成为优秀运动员的机会。培养运动员，即使不是所有人，也会让他们中的大多数人变得优秀。这将创造一个更好的机会，让他们在项目中坚持足够长的时间以达到专业水平。

所有被教练招进这个项目的青少年都不会努力成为这个运动的专家。在这些人身上建立基本的运动技能仍然是非常重要的，以确保他们仍然有最好的机会成为优秀的高尔夫球手。从13岁到18岁这段时间应该是帮助青少年发展力量、耐力、灵活性、稳定性和技能的时间。速度仍将是训练计划的一部分，但不应该对更早年龄组那样强调速度。对于有比赛经验的青少年，教练应该把重点放在训练击球和比赛。这些人的日程安排应该包括有监督的练习或辅导课程，这样教练就可以帮助学生调整当前的动作，并学习打特定类型击球（球路选择和训练）的高级技术。

无论学生是"发展初级"还是"普通初级"，设备都将发挥重要作用，使学生能够建立正确的基础，或者在经过数月或数年的补偿动作以适应太长或太重或者太短的球杆后，必须学习正确的动作。教练需要向青少年和家长强调学习使用合适装备的重要性。

为了确保课程的趣味性和多样性，教练需要使用适合群体心智发展的术语和学生容易掌握的概念。一旦学生到达了"技能发展成为课程重点"的阶段，可能是介绍课程、练习和播放日志（学生可以用它来记录教练的指导以及练习和比赛回合中的信息）的好时机。让学生把提高看成一个过程，这将有助于他们专注于表现。这将为学生和教练提供重要的进度反馈。当学生开始为竞争而训练，为超越而训练时，这些信息就会成为做出改变的参考，最终使球员受益。

◎青年人

青年人是指年龄在 19 ~ 30 岁的群体。这个群体有两个基本的部分：一种是参加过初级课程并有良好基础的人；另一种是因为有朋友玩而刚刚决定开始参与这项运动的人。这个群体中年轻的一半人可能是大学生，而年长的一半人则是通过工作和组建家庭而向上发展的。这两类都不是那种会投入过多的时间在击球练习上的人，但只要他们能打出合理的杆数，在运动中玩得很开心，这类人很可能会长期坚持参与这项运动。面对这类人，需要在减少对工作和家庭的干扰的情况下提供课程，特别是针对工作人群的课程。

刚接触这个运动的学生会有很多不同的理由来玩这个运动。有些人可能参加了一两个初级课程但没有真正玩过，所以对这项运动的某些方面比较熟悉，或者他们可能偶尔会跟随父母或朋友到高尔夫练习场去"打球"。这个群体可能会有一些"遗忘"的问题需要考虑，但不会达到那些常年定期打球而不寻求专业人士帮助的人的程度。针对这个年龄段的新高尔夫球手的课程本质上需要是整体性的。这个群体中的大多数人都有足够的力量，还应该有相当的灵活性。对于这些人来说课程可以安排得更长一点，而且可以相当活跃。训练和实际击球的时间可以比初学女性或老年人延长。训练的重点应该放在正确的姿势和动作的基础上。每节课的开始部分都需要进行示范，然后进行练习和专业监督。（图 9.15）

图 9.15　青年人课程将会有在青少年高尔夫球方面表现出色的人，也会有对这项运动缺少经验的人

这个群体很可能比其他大多数群体拥有更高水平的技术。在这个群体中加入高速视频和网络高尔夫课程将有助于他们保持兴趣，并期待下一节课。使用所有三种类型息信传递：音频、视觉和动觉可能是这一代人的最佳选择。然而，他们可能会对视觉刺激做出更好的

反应，因为他们已经接受了视觉刺激作为他们日常生活的一部分。对于这一群体来说，在更短的时间内获取更多的信息可能也需要被采纳。无论如何，这些信息仍然需要简单易懂，易于整合。复杂的术语和概念不应该成为任何新的高尔夫课程的一部分。

与所有新高尔夫球手的课程一样，教练应该对每位球员的装备进行抽查。这些学生中有许多人的球杆是从以前打球的家庭成员那里传下来的。长度、杆身弯曲度、杆头倾角和把握尺寸（以及状态）是教练应该检查的因素。装备越适合球员，球员的挥杆效果就越好，更好的接触和更好的结果总是会给球员带来更多乐趣。

教练在为这一群体制订课程时，通常会遇到打过很多高尔夫球的学生。这些人中的许多人的差点都很低，而且打过相当多高尔夫比赛。这群人中的一些人已经退出高尔夫比赛好几年，追求事业或家庭，而其他人只是减少了他们的比赛，每月玩几次就够了。他们意识到他们对高尔夫挥杆的理解不再有效，但不知道为什么。这群人中的一些人会有不寻常的高尔夫动作，这是经过数小时的练习而养成的。通常情况下，球员的练习量和期望的结果是完全不同的水平，甚至彼此直接冲突。学生们在适应工作和家庭责任之间并没有提供足够多的时间来保持如此复杂的挥杆在高水平上。针对这一群体的计划应该包括收集更多关于每个人以前的课程、练习和高尔夫运动的想法的数据。这将指导教练在帮助每个学生追求更好的高尔夫球的过程中做出最有效的调整。

与这个小组一起使用视频可能会给教练提供一种令人信服的方法，使学生转向不那么复杂、更容易训练的动作。让这群人跟上最新的、最前沿的高尔夫运动技术，将助于教练在相当短的时间内使他们掌握有效的高尔夫运动。教练需要小心地将信息量保持在学生当前的能力水平，而不是超出这个水平。有一个缺点是，过快地获取太多信息可能会让学生在自己练习和完成动作时偏离轨道。

教练将是使这类学生回到他们记忆中的水平的主要因素。帮助学生设定现实的目标将是这个过程的重要组成部分。帮助学生制订一个时间表，平衡高尔夫和他们所有的其他承诺，将为确定进步提供切实的检查点。如果球员离开运动一段时间后又回来了，这个过程将比他们只是偶尔运动并试图让他们的运动进入更好的状态要困难得多。让学生记录练习和击球的日志，可以为教练提供学生下次上课时可能不记得的重要信息。这也会让教练更好地了解学生实际能够打高尔夫球的时间。

大多数学生的球杆都很贴身，但与目前的技术相比，它们可能已经过时了。在最初的几节课中，对球杆进行初步检查后，当球员恢复到既定的运动模式时，应该进行全面的球杆测试。

◎ 活跃的成年人

活跃的成年人会给教练带来很多挑战。尽管该群体的大多数人能够保留一定程度的运动能力和灵活性，但还是有相当的学生有各种各样伤病和问题，教练应该准备改变训练，改变建议的练习程序和时间，并推荐锻炼程序或教练来帮助他们继续朝着他们的高尔夫目标前进。背部、膝盖、肘部、手、脚踝和脚的问题，只是这个群体在他们的简介中提到或在他们的课堂上发表评论的一些疾病。教练应确保收集了尽可能多的关于每个学生当前健康状况的信息。

与青年人一样，这一群体也将包括新的高尔夫球手、那些过去打过球但已经放弃了一段时间的人，以及继续打但发现自己的运动能力正在慢慢丧失的人。他们每个人都会因为不同的原因而参加训练。提供的课程类型，理想情况下应该反映学习者的能力。

这类新手之所以严格学习高尔夫课程，可能是为了避免在被要求参加包括高尔夫球在内的公司郊游或商务会议时感到尴尬。创建一个程序，提供运动中每个区域的概述，包括基本规则和不同高尔夫设施的协议，将为他们提供他们想要在课程中涵盖的大部分元素。这类学生可能对课程期望不高，但是有了一个从简单开始并从这一点开始不断建立的课程，学生可能会发现自己的进步比他们想象要快得多。他们甚至可能会被激励去参加其他能让他们进步更多的课程。

这个群体中的其他新高尔夫球员会参加比赛，因为他们希望接受挑战。他们的孩子开始打高尔夫，或者工作上的朋友不断邀请他们周末加入这个团体。出于个人原因参加课程的学生通常比那些觉得自己"必须参与"的学生有更高的积极性。虽然这一群体中的一些人可能已经达到了在商业上不需要安排时间的地步，但还有更多的人只能找到一个非常短的时间来上高尔夫课。教练可能需要进行一项调查来确定为这类学生安排课程的最佳时间。

这类课程的设计应该是为了向球员介绍或重新介绍挥杆动作，要格外强调前挥杆的细节。对这一类人来说，正确的动作训练以及球员的平衡和节奏是非常重要的。事实上，更多的时间应该花在建立平衡和良好的节奏上，而不是花在高尔夫运动的细节上。最初的课程应该是一个过渡课程，让学生在正确的基础上做好击球前的准备姿势和击球过程中的挥杆姿势。教练应该试着鼓励这些学生进入他正在进行的团体课程，以持续改进。课程表之间的间隔应该足够近，以便学生能回忆起上一节课的信息；课程表之间的间隔也应该足够远，以便学生在课程表之间有时间进行练习。

对于那些表现不错的球员，在长时间缺席或不经常参加比赛后重新回到比赛中，或者对于那些感觉自己的比赛水平正在慢慢崩溃的球员，方法应该有所不同。教练课前对力量和柔韧性筛查应该在训练前进行，这样教练就能更好地了解每个球员能完成什么，以及每个学生可能会遇到的问题。对于这个特殊的群体，教练的目的应该是让他们回到一个接近或比他们早期的水平更好的水平。有时，这是不可能的，但教练应该尽他最大的努力。在前几节课强化了适当的基础后，后面的几节课应该把重点放在击球结果上。对于这个群体来说，重要的是要建立起具体的目标以及在这个过程中实现短期目标的预计时间表。

教练需要评估本群体成员的装备。一般来说，这个群体的可支配收入会比其他群体多，他们可能在没有受过高度训练的专业人士的帮助下，就给自己买一套全新的球杆。对于这些学生来说，确保在最初的几节课中有合适的球杆，可能是提高过程中的关键因素。

◎ 老年人

除了青少年，老年人总是有更多的时间打高尔夫球。我们将研究两类老年人，年龄在55～65岁的老年人和65岁以上的老年人。每一类都会有不同的课程考虑。许多年龄在55～65岁的球员已经退休或接近退休。在大多数情况下，他们仍然非常活跃。他们开始经历很多的健康问题，除非他们参加定期的锻炼，否则他们的灵活性会降低。他们也开始失去一些力量和耐力。他们可能在精神上比其他群体更强大。他们活得很长，生活教会了他们一些在高尔夫球场上非常有用的经验。老年人在力量和柔韧性方面会出现更大的下降。受伤和关节炎等疾病可能会抑制高尔夫运动的正确动作。随着老年人肌肉力量的丧失，平衡可能开始成为一个问题。

教练需要根据学生的能力来调整他们的训练和练习。即使在团体课程中，教练也需要对个人进行更多的指导。教练应该检查每个学生的力量和柔韧性，并推荐练习或训练方案来帮助学生克服缺陷。即使到了这个年纪，球员的健康状况也会影响他们在高尔夫运动中的表现。如果教练的知识不足以给球员提供正确的建议，那么安排一名资深或经验丰富的教练来指导其中的一次训练是切合实际的。

对于新手（老年人球员）来说，学习高尔夫运动可能比其他群体需要更长的时间。以往的运动经验尤其对这个年龄段的人来说是一个明显的优势。强调学生有适当的基础，会给他们最好的机会去做出持续重复的球杆动作并产生最好的结果。在每节课中安排更短的训练时间、增加更多的休息时间，可以让该群体在训练结束时保持精力和动力。

以前的球员会带着一些根深蒂固的动作模式进入训练。这些模式是多年来在球场上的课程和无数小时的练习中形成的。该模式在球场上多年来产生了好的击球结果。对于那些打得很好的（或好或坏）资深老年球员来说，这个课程并不是一个期待甚至不希望发生巨大变化的课程。现有的偏好很难或几乎不可能改变。这个水平的重大改变应该集中在平衡、节奏和减少肌肉紧张，以帮助学生变得更加一致和稳定。很多时候，这些改变会让球员在不试图改变力学的情况下做出更好的行动。任何通过纯力学让球员更接近标准的尝试都可能导致学生失去他们熟悉的参考点，并在学生和善意的教练之间制造高度紧张。

其中一个最重要的领域是挖掘和发现学生对推动高尔夫球的概念。了解学生的背景将为教练提供可能的细微变化，可以为每个人提出建议。平衡、创造宽度、鼓励充分协调和连接以及帮助球员保持节奏的练习和训练都需要包括在这一群体中。如果学生真的对提高他的杆数感兴趣，解释训练将产生的预期变化以及对球员的好处，将说服学生至少在一段时间内做出改变。更频繁地安排这一群体的活动可能是个好主意，这样球员就不会轻易地回到他们以前的运动模式。

◎ 年长的老年人

65岁以上的老年人可能对成为优秀球员不感兴趣，因为他们只要走出家门，继续与同龄人交往就很满足。灵活性和力量将是教练面临的两大挑战。教练必须准备在有限的运动范围内工作，并在较长时间内建立坚实的基础。安排更多的短课程是接近这一群体的一种方法。对于新球员来说，在没有球，甚至没有球杆的情况下进行更多的动作练习，可以让学生有更好的机会学习动作，而不用担心糟糕的高尔夫球击球带来的负面反馈。这类群体中有经验的学生可能想要对问题进行快速处理，但重新建立基本的基础将是让这些球员走上正规的最好方法。在几十年的时间里，不适当的自我修正可能会使球员难以适应任何对动作的改变。找到适中的办法以达到最佳的效果将是对这个群体的建议方向。

合适的高尔夫球杆会让教练的工作更轻松。

图9.16　年长的老年人仍然喜欢这项运动，但他们可能不具备做出基本正确动作的身体条件。设备和指导可能有助于降低他们的杆数

随着超轻杆身、轻量化杆头甚至轻量化握把的出现，整体重量已经减少到足以增加球杆的额外长度。当球员的力量和灵活性开始下降时，所有这些因素都很重要。这些因素加在一起会使任何人的挥杆速度每小时增加几英里。随着杆头速度的增加，正确的杆面倾角变得更加重要。随着高尔夫球场球道结构的变化，球包里增加了高杆面角度的球道木杆和混合铁木杆。这一群体的大多数学生可能从 5 或 6 岁开始就有最低杆面角度的铁杆（如 4 号铁杆）。彻底检查老年人设备规格应该纳入到课程中来。（图 9.16）

◎ 性别

性别群体将包括所有年龄段。在这项运动中，女性和男性之间存在着足够多的差异，以至于他们可能会对与异性共处一组感到不舒服。尽管指导每个群体的原则几乎是相同的，但按性别提供课程可能会鼓励更多的人加入。一方面，男性通常更有力量。耐力可能是一个有争议的问题，而柔韧性可能是女性的优势。男人通常表面上好胜心强，也更愿意抽出时间练习。许多男性以前都有运动经验，尽管越来越多的女性是带着其他运动的经验进入高尔夫球的，但她们对高尔夫的许多概念和术语都很熟悉。许多人都有打高尔夫的朋友和熟人，所以经常有可能打一场比赛。他们也会一个人出现在球场上，自己打球，或者愿意与小组中有空闲的其他人搭档。男性通常会对击球结果有更高的期望，类似于他们发现自己在路上迷路时，会勇敢地尝试解决问题，而不需要任何人的帮助。

女性通常不如男性强壮，但正如我们之前提到的，她们的耐力是相似的。由于肌肉结构和身体结构较小，女性往往更灵活。教练可能会遇到灵活性过大的问题，需要控制一些动作。女性的内心竞争更强，但她们不像男性那样经常表现出来。她们可能有求胜的欲望，但不像那些经常想要统治世界的男性那么强烈。她们对好的击球和坏的击球有一定标准，但她们对好球的标准可能远低于男性。高尔夫和其他运动通常只是占据女性时间的众多活动之一。当考虑到今天的女性时，她们可能在家庭之外有自己的事业，然后用大部分空闲时间完成家庭周围的其他任务。如果家里有孩子，女性往往会充当司机、导师和监护人。再加上几个可以聊天的朋友，打高尔夫的时间就不多了。与男性不同的是，作为一个群体，她们的运动经验少。概念和术语对她们来说是新的，所以要用简单的术语来解释。在高尔夫球上，已经证明了她们作为一个群体会比作为个人更加舒适。说到打球，单独打跟加入其他团体或他们不认识的球员通常都不是一个选择。

基于性别的项目，需要在制订时间表，确定要包括的材料和做介绍时考虑到所有差异。在制订基于性别的课程时，课程数量、课程长度、提供的时间和师生比例等因素都是重要

图 9.17　在基础水平以上的团体课上，女性经常和男性混在一起。精明的高尔夫教练想要扩大自己的客户群，就会为女性提供中级和高级类别的课程

的考虑因素。社会提出了女性不像男性那样精通于运动，这可能会导致女性的自尊水平较低。这两个群体都需要积极的强化，但它总是需要在女性课程中发挥更大的作用。教练必须继续了解每个学生认为什么是好结果。（图 9.17）

◎总结

在为我们提到的不同群体和个人制订课程时，教练需要记住的主要事项是，这些只是在制订课程时需要考虑的可能性和因素。除非教练有足够多的学生适应这些类别中的每一个，在每个提供的课程中都会有一些交叉和元素的组合。

将学生与最接近的课程相匹配，能让教练在每个组的参考框架中保持一致，使每个群体的学习体验更有成效。教练确实需要意识到，世界上有很多潜在的学习者，没有一个特定的课程适合所有的人。提到不同的类别和需求时，希望教练不会对他的任何学生感到非常惊讶。

许多高尔夫教练在给团体和个人讲授课程时都想即兴发挥——毕竟，"他们是高尔夫运动的专家"。然而，通过关注不同群体的特点，并通过设置课程、突出要提到的故事和轶事、确定每个群体将进行的具体练习以及每个群体所需的时间，教练可以感到舒适，他正在为学生提供最高水平的客户服务。

所有的课程都应该遵循一个基本的大纲（至少在最初的课程中是这样），包括对其他参与者的介绍。信息部分将包括事实或统计数据、具体概念的细节，以及学生将在课程中完成的任务的示范。主要部分应该提供各种各样的演练，以及在专业教练指导下进行个人练习的机会。教练需要为每个人提供一个简短的分析和课程的解决方案。他应该对动作给出积极的评价，而不是特别对击球的结果。最后的部分应该总结整个环节，包括所涵盖的信息、另一个可能的示范、个人努力的亮点，以及为教练提供的下一个课程或项目进行的广告宣传。

第十章　创造并留住客户

◎介绍

在回顾打高尔夫球的球员类型时，我们基本上认为有两种类型：一种是从未打过高尔夫的新球员，或者是在朋友或熟人的鼓励下刚刚在练习场上击球的新手；另一种是打高尔夫球有一段时间的老球员。这两个群体都有很多的候选人，他们都是教学专业人员的潜在学生。

新球员群体对高尔夫专业人士有很高的期望。他们中的大多数人都没有受到朋友和邻居提供的无数技巧和快速修复的影响，而这些技巧和快速修复对老球员产生了影响。新球员群体中的大多数人已经准备好了学习，他们不需要清理过程来忘记那些善意的智慧，这些智慧建议他们"保持领先的手臂伸直"或"低下头"，而其他人的高尔夫知识中有许多这样的核心。他们理直气壮地声称自己一无所知，并准备学习如何加入这项迷人的运动，因此教练可以从一开始就塑造这个群体。

高尔夫球运动往往是在没有伙伴和队友的情况下独立进行的。尽管大多数休闲运动都是2对2，但高尔夫球的击球并不取决于他们的搭档或他们任何一个对手的发挥，它基本上取决于一名球员成功地将球从发球区有效地打入球洞里。在经验丰富的老球员群体里，似乎每一个尝试打高尔夫球的人总是说自己比上一轮打得好一点。他们可能会说，他们只是在开球时出了点差错，或者在那个特定的球洞上出了点小问题。然而，要找到所有想要成为更好球员的人，并定期与教练进行交流，努力提高他们的球技，这是非常有困难的。

在这群人当中，那些沮丧的、不精通高尔夫的人，听起来常常像是拥有高尔夫教学博士学位，滔滔不绝地说出合乎逻辑的推论，解释为什么打出的球不是预期的结果。然而，大多数时候，答案与实际发生的情况以及球员的身体运动并不相符。这仅仅是一种误解，有了这种错误的信息，解决方案可能会离得更远，而不是更近。任何人都可以击中"愚蠢的小球"（甚至不移动的小球）的想法是正确的，因为任何人都可以击中它，只是很少有人能把球打得又长又直，即使是世界上最优秀的球员也不可能每次都能做到。大多数人试图自己解开谜题，其中绝大多数都是不成功的。重要的是教练按照正确的顺序提供正确的信息和指导，同时在正确的学习阶段传递信息，为学生建立最有效的途径来达到他们打高尔夫球的具体目标。这意味着要从教练那里获得帮助，他们可以认识到学生在发展过程中所处的位置，哪些元素需要改进，以及改进的方法。很少有人能凭一己之力取得重大进展。

高尔夫教学必须对学生和教练都有好处。就像学生需要教练帮助他们实现高尔夫目标一样，教练也需要学生帮助他实现经济目标。即使是最有能力、最聪明、拥有最新技术的教学专业人员，如果没有足够的学生基础来进行指导，也不可能取得成功。建立一个初步的学生基础，并在保持现有学生的同时增加新的学生，这是一个想要成功的教练需要掌握的能力。

大多数高尔夫专业人士还有许多其他的工作，而且这些工作会占据他们大部分的时间：管理员工、举办高尔夫比赛、管理高尔夫俱乐部的商品运营，以及与其他部门主管和参与业务运营的委员会开会。发展课程业务看似是专业人士只是在照顾自己，但实际上，强大的课程业务对俱乐部的成长和延续至关重要。一个坚实的课程业务是培养新高尔夫球手的最佳方式，他们会利用这个设施，同时帮助那些没有达到他们认为自己应该达到的水平的现有高尔夫球手。人们倾向于在他们熟悉的地方打球和练习。也有事实证明，高尔夫球打得好的人往往更享受他们的比赛，因此他们打得更频繁。没有一家高尔夫俱乐部不希望改善球场的回合数（球洞数）、高尔夫专卖店的销售数量以及餐饮运营。积极的课程计划是一种方式，不仅增加了专业人员的底线，更重要的是还增加了设施的底线。

高尔夫专业人士如何追求客户，激励他们参加高尔夫课程，并将他们作为客户保持多年。我们将研究与个人和团体接触的不同方法。我们将讨论教学专业人员可能决定提供的课程类型的考虑因素。最后，我们将讨论教练可以采用的流程，这些流程将激励客户留在高尔夫教练身边，并继续提高他们的球技。发展和留住客户没有完美的答案，但在这个过程中有一些因素比其他因素重要得多。

◎ 市场营销概述

市场营销的定义是：创造、沟通、交付和交换对顾客、客户、合作伙伴和整个社会有价值的产品的活动、一套制度和过程。

当涉及高尔夫课程的营销时，高尔夫专业人士具有优势。毕竟，他是"高尔夫这项运动的专家"，而在高尔夫球运动中，教学只是整体的一小部分。高尔夫专业人士了解这项运动的各个方面。当客户询问有关高尔夫这项运动的问题时，他可以也应该提供所有客户想要的答案。简单来说，市场营销就是让个人或群体对产品或服务产生兴趣。然而，对于不太了解营销的专业人士来说，营销可能就像一台巨大的机器，通过宣传活动来引诱公众为他们不想要或根本不需要的东西花钱。它只是一堆炒作，花了很多钱，效果也不是很好。

但事实并非如此。营销确实包括我们在电视和全国性出版物上看到的大规模活动，但它也包括在高尔夫商店和练习场一对一地回答简单的问题。我们将尝试以不同的角度来看待营销，并提供一些对你作为高尔夫教练有效的想法。关于营销，需要记住的一点是成本的价值，所获得的回报是否远远超过所花费的时间和金钱的投入？对于一个经过深思熟虑并正确实施的计划，答案是响亮的"是的，没错！"，而不是考虑教练的金钱支出。

所有有效的营销计划都始于目标和组织战略。对于没有大笔资金的高尔夫专业人士来说，他们无法获得足够的销售额来承担这样一个活动的费用，这是通往成功计划之路的首要因素。每一个目标都应该在数量、时间和收入上是可衡量的，以帮助确定营销的有效性。战略中的每一步都应该设计成完成目标的一定比例。有了具体的数据，专业人士可以确定所采用的策略是否可以以目前的形式再次使用，它是否需要在信息、传递方式或时机上进行调整，还是应该放弃，追求一个全新的方向。（图 10.1）

图 10.1　提供高质量的客户服务是发展和保持客户关系最便宜，但最有效的方法之一

◎ 最低成本营销

市场营销的方法有很多种，但最具成本效益的方法是所有专家都同意的"口碑营销"。对人们来说，最伟大的说服者是那些尝试过某种产品或服务并获得价值的朋友或熟人——一个与为实现它所花费的时间和金钱相匹配或超过的结果。为了给客户提供"价值"，专业人士需要确保他的产品在某些方面是短期内以结果为导向的。这些短期结果可以是个人对高尔夫运动的了解，也可以是个人的实际表现，但它们能产生的最重要的东西是对个人成为一名更好的球员的能力的长期持久的希望。口碑可能只在少数学生参加了个人的课

程之后才会出现，但主要效果只有在许多人经历了这些课程并取得了等于或高于他们的预期的结果之后才会出现。促成这种高水平客户满意度的因素包括教练的精力、教练表现出的同理心、课程的组织、高尔夫运动的知识、专业的外表和态度，最重要的是使所有接受信息的人都能轻松理解高尔夫运动奥秘的沟通水平。专业教练可以利用的最重要的营销工具是让所有参加任何的课程的客户满意。

◎ 信息和数据

在最低成本营销中，专业人士可以做的第二件最重要的事情是确保所有产品的所有信息都是现成的，并正确地传递给任何可能有问题或希望获得有关指导的额外信息的人。这对专业人士来说是一个两步的过程。第一步是培训任何接听电话或在客户联系部门工作的员工，使他们了解公司提供的所有教学项目的最新情况。当客户可能需要一些帮助时，员工需要明白帮助客户的重要性。很多时候，信息是客户需要的最重要的东西。培训员工了解客户的需求，当客户不确定他们需要问什么问题时，提出探究式的问题，这将是一种高度组织化、专业化的操作，可能能够帮助他们满足所有的高尔夫需求。

在试图提供客户服务时，仅仅培训是永远不够的。在柜台后面的书上或剪贴板上记录最新的信息是有必要的，这样可以确保所有的员工都做好充分准备，向顾客提供正确的信息。通过使该资源与每个项目的当前状态保持同步，工作人员将能够通知客户任何课程的预定活动以及该特定课程是否开放或关闭以及再次提供该课程的日期。确保工作人员收集足够的信息，以便专业人士能够尽快与客户取得联系，这可以增加业务的可信度，并确保营销工作向前推进。

随着互联网的普及和电子邮件的广泛使用，关于产品和服务与个人联系的费用已大幅降低。印刷费用和邮寄费用曾占营销预算的很大一部分，而现在这些费用已几乎降至为零。这些成本已被削减到几乎为零。现在最大的开支发生在建立商务网站和创建课程副本上，它可以以网页形式张贴在商业网站上，可以从网站下载，以 PDF 格式保存，或以电子邮件的形式直接发送到个人的电子邮箱。在这个时代，拥有一个商业网站是至关重要的。同样重要的是，要确保个人能够轻松访问网站。如果网址名字太长，可能会打错，或者需要记住，这会延长个人通过网络空间与你联系的过程。有成千上万的网站属于高尔夫教学的范畴，专业人士可能很难让合适的学生找到他的信息。招揽这些个人业务的一个较好方法是先与他们联系，然后向他们提供网址。只要把链接给到潜在客户，就可以很容易通过互联网和电子邮件找到一个公司地址。

从要求提供信息的个人那里收集数据可以大大促进该机构的营销进程。在此期间，将商业网页的信息告知打电话的人，并通过电子邮件进行后续跟进，这将使这个人成为指导课程的首要候选人。将这些信息保存在数字文件中，可以更容易地通过大量电子邮件进行促销和其他活动，从而激发客户的兴趣，并促使他们注册参加其中一个课程。网站还应该有办法从那些通过互联网与企业联系的个人那里收集数据。登记参加每月的奖励、免费的指导课、为新客户提供特定课程的深度折扣，都可以鼓励客户提供相关的信息，这些信息可以用于针对个人进行适合其个人的特定课程。

专业人士寻找新客户的第一个地方是他现有的数据库。让两个或更多的人在共同的追求中认识一个朋友是一个很好的方法。人们可以独自打高尔夫球，但大多数人不会打，除非他们和一个熟悉的人一起玩，而且这个人也玩类似的运动。鼓励你现在的学生找到一个他们觉得舒服的人来加入他们对高尔夫荣耀的追求，这可以激励他们更加努力地成为更好的球员。这也为教学专业人员提供了一群全新的学生。收集包括工作信息在内的数据可以帮助专业人士识别他从未考虑过的全新的潜在学生群体。

◎ 商业界

与这些企业和其他企业建立关系是向一大群人推销教学课程的另一种方式。员工超过 50 人的公司是很好的鼓动对象。利用你的人脉与人力资源部的合适人选取得联系，会比你自己在众多的行政部门中进行筛选要快得多。时机是利用你现在的学生作为联系人的关键。上几堂课，在高尔夫球技和动作上做出一些显著的积极改变，使他们更容易接受提供关于他们认识的人的额外信息。给你提供同事名单的学生实际上是在把他们的声誉压在你的能力上，看你是否足够专业；是否能成为一个足够好的教练；是否可以帮助各种水平的人。

人力资源部门经常为员工寻找娱乐活动。员工之间的这种互动应该会产生一个更健康、更快乐、更有动力的员工队伍，这让人力资源部看起来很好。你的工作是向人力资源部推销高尔夫课程，这应该是一份非常适合高尔夫专业人士的工作。提供一个专门针对公司员工的高尔夫课程通常会比把他们安排到其他群体中更受欢迎。只是要确保你有时间参加可能尝试提供的许多课程。当试图为企业开发一个课程时，在人力资源部门中确定一个人并与他合作是很重要的。首先，给这个人打个电话，快速总结一下课程和活动安排，这是建立面对面会面的第一步。有时得到的答案可能是一个生硬的"不"字。精明的专业人士会问一到两个问题来试图找到"不"的原因。其次，了解这个人是否打高尔夫球，或者

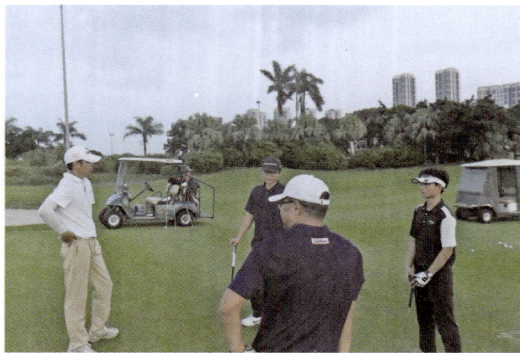

图 10.2　为企业提供团体课，作为员工健康计划的一部分，这可以通过公司的人力资源部发起

他的直属办公室是否有人打高尔夫球，都是很重要的数据。重复的"不"可能会使专业人士为人力资源部门的人提供一两次免费的培训课，作为对他们自身利益的测试。（图10.2）

加入公司的其他一些可能性包括为员工的孩子提供团体课、参加公司的健康博览会、分发关于新员工日、大满贯高尔夫比赛、演示日、展览、公司郊游甚至经理会议的信息。公司通过内部网传递信息或通过他们的电子邮件发送任何征求意见的邮件，虽会阻止教练与公司员工直接接触，但这可能是最好的方式。不管专业人士用多少不同的方式来联系，总有一个说"不"。原因可能是这个课程不符合公司政策，或者公司已经与该领域的其他专业人士有一个正在进行的课程。精明的教练会很早就意识到这一点，并可能在下一季开始时主动与公司联系。永远不要把否定的回答看作是损失，这只是以后成功的另一个机会。接受你建议的公司总是少于你提出提议的次数。根据员工的数量，看看一些不同的公司或企业（30～50家），意识到如果他们都接受，你和你的员工就没有时间照顾他们了。一旦你从任何一家公司得到了积极回应，只要你保持联系，对员工的营销将是免费的。

参加地区业余联赛的公司团队中往往有一些中高差点的选手。总有其他员工希望自己足够精通，能加入这个团队。如果向公司员工提供打折的团体课和个人课程，只需要得到人力资源部的批准，就可以在公司发布公告或公司园区周围的公告栏上张贴传单。让人力资源部来处理这个课程的注册，然后给你提供个人的名字，也是一个好主意。有些公司有内部网，你可以免费向员工"宣传"你的课程。举办只对该公司员工开放的特别活动，可以显示出你保持高层安排的诚意。

在"低成本"模式下，一些其他类型的营销确实需要教练花费一些时间，有些甚至可能没有收入，但所有这些都应该被视为长期的课程改进计划的诱饵。教学专业人士将是明智的，永远不要错过向任何群体提供示范团体课的机会，任何团体可能会在他的高尔夫球场举行比赛。一个简短的、30分钟的、有趣的基础知识介绍与示范，混合着故事，可能还有一些技巧击球，为与会者提供了一个教练的知识、经验、人本主义的例子。作为一个合格的、平易近人的甚至有趣的家伙，他有一个很棒的方式来交流他的高尔夫运动知识。

如果团体规模比较小，那么可以在短打领域或完整的高尔夫运动中增加简短的实践课，并在比赛前一小时左右举行，这将有助于将人数减少到可控制的水平。

◎其他方式

自愿担任公民团体组织的演讲者将提高专业人士的可信度，并将他们介绍给公众。如所在地区的各种社团、协会、俱乐部，甚至商会这样的组织都是专业人士用来让自己的名字出现在大众面前的好途径，这样潜在的学生就可以把脸和名字联系起来。向公立和私立学校、少儿组织或其他青年组织等团体提供免费或减价的团体课，将使青少年和他们的父母都能将专业人士视为一个愿意支持年轻一代成长和发展的个体。

参加社交活动也为专业人士提供了向一群兴趣相投的人介绍自己的机会。虽然这是发名片的好时机，但社交场合并不是主动招揽生意的地方。通过保持低调但感兴趣的形象，他可能希望或渴望他人的业务，但他尊重与会者的个人空间。这些努力不会给专业人士带来太多的经济损失，然而，就像精心策划大型昂贵的活动一样，要想获得成功，这些努力也必须在进行了大量的组织和计划之后才能产生。

营销也带有新的和令人兴奋的内涵。就高尔夫教学而言，这可能是最新的技术和教学辅助工具（我们将在后面几页中讨论），但它也意味着创新或效率，不同类型的课程、不同的时间和时间框架、不同的定价结构。专业人士不需要走得太远就能开发出可能对他的业务有利的新课程。简单地和现在的学生谈谈，了解他们想看什么，或者什么可以吸引他们的朋友来参加一个课程，就可以大大增加教练的业务。随着目前对家庭和工作的承诺，对提供课程的新思考将是朝这个方向迈出的第一步。根据这些正式和非正式调查的结果进行的"测试项目"（前提是有关项目项目的适当沟通已经进行）可能会产生一个教练没有预料到的全新的学生类别。

可测量的结果仍然是最低成本营销的目标，就像高成本营销的目标一样。专业人士不应该仅仅因为没有花费自己辛苦挣来的数千元钱，就期望在营销活动中获得低回报。确定特定的目标（客户），提供满足特定目标需求的机会，并利用所有可用的资源，在服务前后创造高水平的客户满意度，这些将使专业人士在竞争中领先。以正确的方式进行每一个营销项目，应该不会比中等强度的成功更糟糕。通过对比预期的测量结果来识别积极和消极方面，专业人士可以从这种低成本营销中获得巨大的收益。

◎ SWOT 分析

口碑营销是创造新客户的最具成本效益的方法，因此你提供的课程要有一点不同，或者比社区中提供的其他课程高出一步，这一点至关重要的。勤奋的专业人士会首先进行 SWOT 分析。SWOT 代表优势、劣势、机会和威胁。这个练习需要对你自己的操作以及社区中与你竞争的其他操作进行评估。这里的重要因素是要客观，以事实为基础，而不要因为你参与其中而偏袒。

优势和劣势是你自身运作的内在因素。专业人士需要确定自己的运营中哪些要素是自己的强项（如知识、培训、专业地位、组织性、热情、项目的多样性、之前项目的成果等）。他还需要认识到可能存在的弱点（如网站、设施规模、技术、可用时间、差的练习球等）。与设施及其人员有关的任何事情都需要包括在这些类别中。这不是好不好的问题，"我们不需要改进它"或者"它不可是一个弱点"。有些优势最终会变成劣势，但很少有劣势会变成优势。

机会和威胁主要是外部的，但也可以是内部的。机会是缺失的部分，因为它们没有被提供或者提供的最少。一个只持续一周的初级或女性课程会给其他机构留下很多机会来提供为期一个季度的课程。机会将有助于确定哪些群体得到了照顾，哪些群体被忽视，哪些类型的课程没有提供，哪些时间框架没有被利用。机会还包括该地区的总人数和年龄以及性别的人口统计数据。制造商、企业、公民团体、教会、医疗机构的数量也出现在评估的"机会"部分。发现机会的目的是找出究竟有多少人是专业人士的潜在课程接受者，以及有多少满足需求的课程正在进行。

当别人比你做得更好时，就会出现威胁。它会让专业人士知道自己在竞争中落后的地方，也可能会让他们想到自己可以在哪些领域赶上并超越这些竞争对手。例如，另一家机构的一个非常成功的课程可能已经被预定一空。这只会给其他人创造一个机会，让他们利用那些被拒之门外的人无法进入的机会。威胁将有助于确定这些其他设施的质量和价格范围，该地区其他教练的实力，其他人正在使用的技术以及这些团体正在进行的营销计划方面的竞争。没有必要害怕任何被发现的威胁，但明智的做法是认识到它们的存在，然后计划使你的运营变得更好一点，或者找到没有被覆盖的商机，然后在这一点上占据主导地位。

利用所获得的信息将有助于专业人士组织自己的想法，以开发比该领域提供的其他方案更好或在提供的类别中独特的方案。列出这些可能性是制定有针对性的营销计划的第一步。专业人士会很好地在有直接需求的地方创建课程。计划阶段不需要花费很多钱，只需要花费时间——当最终结果可以通过两位数的业务增长来衡量时，这些时间是非常值得花费的。

◎适度成本营销

并非所有的营销都是免费的，甚至是廉价的，但它也不需要过于昂贵。我们之前提到了为企业建立网站的必要性，但需要补充的是，为了使网站完全有效，它需要每周保持频率更新。所有的业务都是动态的——改变很重要。一个不前进的企业将会陷入困境，然后开始走向失败。营销是经营者的一种承诺，而变革是这种承诺的一部分。重要的是，每周提供的节目要保持最新。每月的活动时间表也建议有一个项目可用性状态，让个人知道一个项目是否仍然开放，或者它是否已经达到注册者的最大容量。

维护一个网站对个人来说需要一些实践来提高效率，也需要大量的时间来发挥创造力。网站需要有视觉效果和有说服力。在某种程度上，我不怀疑专业人士能够学习网页和网络发布的所有知识，但这变成了时间、效率和正确性的问题。对于一般的教练来说，更实际的做法可能是聘请一个人来保持网站每周的更新。这些人中的很多人也有自己的网络托管服务，所以它将这些费用合并成一个单一的费用。然后，教练的承诺是每周将信息发送给网络人员，教练每周只需要登录几次，以确保一切都做得正确。

创建数据库跟踪当前客户和潜在客户是另一个需要一些费用的领域，但当涉及营销效率时，它变得不可避免。以一种他们可能做出最佳反应的方式与客户联系会变得容易得多。数据库中的个人已经对产品表现出兴趣，并且可能对新课程或针对特定挥杆问题设计的特殊课程更有反应。建立数据库是高尔夫专业人士最好寻求有资质的个人或公司来处理这项任务的另一个领域。

制作印刷材料，如广告、传单或小册子来宣传教练和课程的成本直接与交付的大小、质量和数量有关。昂贵并不意味着有效，低成本也不等于无效。在排版、间距和图形方面的出版经验对整理印刷品非常有帮助。这可能是教练需要聘请合格的专业人员来帮助创建副本的另一个地方。项目符号格式中更少的词语会使项目更具可读性。该副本应包含所提供的项目或服务、实施的日期和时间、联系方式或注册信息，包括网址和电话号码，可能还有费用。在制作宣传册和传单时，单色出版物最便宜，其次是双色，然后是四色。根据制作方法的不同，四色的价格可能会相当昂贵。出现在周刊或月刊上的广告比在日报上刊登的广告要便宜得多。如果教练有兴趣从事这一行的营销，他应该花足够的时间检查几家竞争公司的工作质量、成本，最重要的是准时交付。

技术设备

市场营销的另一个要素包括高尔夫专业人士开展的课程以及他们在这些课程中提供的额外服务。我们在本书中用了一整章的篇幅来讨论这些课程的开发。这些课程涵盖了从个人课程到团队课程的范围。我们还提到年龄组、性别和能力水平，但一些特殊的附加内容将在本节中进行讨论。其中一些物品由于购买了指导运动的先进技术，对专业人士来说会是一笔开支，但当平衡了产品的使用寿命与提供技术所允许的专业服务所带来的收入，相比之下，成本是最小的。（图10.3）

图10.3　纠正挥杆错误的教具可以购买，也可以由教练从日常用品中精心制作

高尔夫专业人士可以购买的一些基本技术设备包括许多的训练辅助设备。从短杆到全挥杆，价格从几十元到几万元不等。对于教练来说，明智的做法是花点时间检查每一种产品，看看它们的好处是否与广告相符，也看看它们是否符合教练所宣扬的挥杆哲学的结构。

有一种技术，虽然不那么新，但价格已经大幅下降，那就是挥杆分析软件。大多数软件都提供了将课程捕获到CD或DVD上的能力，但有些分析软件允许教练重新整理课程，如V1、高视高尔夫、AIGolf等。学生可以通过电脑或智能手机在他的"储物柜"访问。该领域最大的进步是在笔记本电脑和相机上。笔记本电脑的价格已经从上万元急剧下降到几千元。相机的价格也有所下降，但1/2 000秒的快速快门速度的相机却越来越难找到。新的相机（不是专门的视频相机）已经被开发出来，它不是专门用于摄像机的，它们结合了快速的快门速度和200～100帧每秒的帧率。这使学生能够清楚地看到他们在高尔夫运动中发生的一切。

许多较新的电脑和相机没有火线输入/输出，可以通过相机镜头直接访问视频，这并不是购买大多数相机的一般人群在产品中所需要的必需品。软件公司正在竞相追赶并调整他们的软件，以更新实时视频转播的过程，这使高尔夫专业人士更容易完成捕捉学生挥杆的任务，并将视频片段输入到电脑软件中。我们所生活的这个时代的伟大之处在于，这些进步应该以月为单位来衡量，而不是像前几代人那样以年为单位来衡量。尽管存在这些障碍，最新的电脑、相机和软件程序仍然为专业人士提供了丰富的功能，以吸引学生参加教学计划，帮助他们成为更好的球员。

一些较新的技术设备可能会变得更昂贵，包括TOMI推杆系统、SAM推杆实验室、K-Vest和Trackman等。每一种技术设备都为学生提供不同的评估。有些人可能会质疑其中一些项目的费用，但决定应该基于教练在一段时间内让项目自付的能力。没有使用的技术设备对教练或学生都没有好处。在教学中制造关于最新和最好的"嗡嗡"声，然后不将其整合到教学过程中，会给被一种新型体验的承诺所吸引的客户传递错误的信息。

拥有几套主要制造商的设备系统总是一个很好的方式来创造对项目的兴趣，一个"免费"或低成本的设备对于常规或系列注册者来说都是一个很大的诱惑。有了一些可用的新技术设备，教练可以为他的学生提供推杆、挖起杆、铁杆、一号木杆甚至是球的配件。这些领域的特殊单日课程将为教练提供预订几节课或一系列课程的机会，并增加他的数据库的规模。使用这些系统可以很容易地应用到任何课程中。合适的球杆配件为顾客提供了一种方式，通过更频繁地挥杆而不是花几个小时在球座上练习来证明他的球技。

站在最前沿的教练表明了他持续更新高尔夫运动知识的意愿，并适应与运动相关的新元素。这并不意味着他要放弃他之前的理念，以适应高尔夫教学的最新趋势，但这可能会为他提供了一种工具，使他能够更好地解释自己的概念。人们喜欢新的和改进的思想。通过向学生提供一些最新的教学技术，教学专业人员将在学生心目中占据突出的地位。

◎ 高成本营销

到目前为止，我们已经从低成本和适度成本的角度讨论了营销。下一个层次是高成本的营销。这种类型的营销可能服务于人口密集地区的大型教学业务，在那里需要很大的数量来实现业务目标，但对于高尔夫专业人士来说，这通常是成本过高的，并且没有达到所需的效果。高尔夫刊物或相关报纸上的广告曾经是教练把自己的名字放在公众面前的一个流行的地方。有几个因素导致了这种形式不再受欢迎，例如，每次运行的成本急剧增加、每期的读者数量持续减少，而读者的平均年龄是中年的上端，这不是专业人士营销的目标群体。

广播广告制作费用不高，但运行成本很高。这些广告投放的时间范围变化很大，如果不付出更大的代价，就无法保证始终如一。大多数收听当地电台的人都在开车，无法写下电话号码和其他细节。他们还有一个习惯，就是一有广告就换台。由于有大量的预设，它们很容易在几个频道之间来回切换。一些教练甚至找到了自己的赞助商，制作了 30 ~ 60 分钟的广播节目，在每周的业余时间在体育电台播出。对于现场直播式的节目，教练必须返还一部分上课时间，并在保持他的可信度和专业度的同时，在直播中回答任何类型的高尔夫问题。确保每周节目的赞助商对教练来说是一种沉重的负担，因此许多教练只能短期进行。

对于高尔夫教练来说，电视是迄今为止最昂贵的、最无效的方式。制作 30 秒短广告的成本相当高。在所有选择中，播放广告的成本最高。电视观众的人口结构千差万别，能否为一群高尔夫球手选择一个特定的观看时间只是一个偶然的机会。就像收音机一样，人们倾向于避免商业广告，要么把节目录下来，要么在电视上播放。

还有一个项目属于高成本营销领域，但这是因为专业人士需要投入大量时间。这就是一本高尔夫球的说明书。使用桌面出版软件和相对便宜的、可以在千分之一秒停止动作的 1 000 万像素数码相机，制作一本说明书的费用已经降低了不少。当地印刷公司可以用数字拷贝印刷几本甚至几百本，而不需要过去出版一本书的所有费用。这仍然不便宜，但比起第一次印刷就需要印刷一万本书，这是一种非常经济的方式，可以让教练对自己的理念和技术有一个验证。

特别是对于中高端的广告，教练需要进行某种类型的检查，以确保新客户是这些支出带来的结果。当注册者注册一个项目时，需要某些类型的代码或可以提交的原始优惠券。在网站注册上做一个简短的调查问卷，询问未来的学生是从哪里听说这个项目的，这也是教练获得这个验证数据的好机会。最重要的是，如果 80% 的新生来自口碑和免费的低端努力，那么在这些高端流程上花费大量资金是没有用的。

◎ 销售产品

销售被定义为卖家和潜在买家之间的交易。市场营销和销售是有很大区别的。市场营销是吸引某一特定群体对某一特定产品或服务产生兴趣而做的努力。销售是一门艺术，它使顾客相信这件东西正是他们所需要的，所得到的价值等于或大于所花的钱。销售需要教学专业人士花费时间和精力。

第一步是确定潜在学生的兴趣程度。通过一个简短的、非正式的问答深入发现个人的目标和其他动机，将为专业人士提供剩余过程的方向。一个只提供有限课程的专业人士将很难吸引到很多潜在的学生。确定学生的能力（感知的或实际的）、时间可用性、短期和长期目标将向专业人士提供足够的信息，以提出符合个人要求的建议。

第二步是在确定学生的需求之后。专业人士需要能够根据学生的需求来解释相关的项目：注册流程、项目日程、时间框架，甚至价格。用清晰、简洁的术语说明课程的要素，将使客户能够开始自己决定什么最适合他的情况。确定学生需求的一个重要因素是，专业人士不需要提供过多的选择，这可能会使客户感到困惑和气馁。对一两个可能的项目进行简单的概述，可以把学生可能有的"如果"变成"非此即彼"，这对确保承诺大有帮助。一旦学生开始学习，教练需要在学生最感兴趣的特定课程中添加好处。

在销售的最后一部分教练需要向学生要求承诺。这并不是一种"让客户签约"的推动，而是一个结论，即客户已经决定，这将是他实现高尔夫目标的最佳途径。在这一点上，客户的任何闪烁其词都应该转化为教练的积极行动。对这个学生来说，转到另一个较短的课程作为试验基础可能是最好的方向。最后，教练得到了另一个学生的承诺，学生也会对自己做出的提高高尔夫球技的正确决定而感到满意。

我们在前面提到过，培训员工为潜在的学生提供信息，并为数据库收集联系信息。随着员工对项目知识的掌握越来越熟悉，在这一过程中也应该培训一到两名员工。让一名助理教练担任这个角色是一个好主意。专业人士不可能同时出现在任何地方。培训员工承担这些责任将有助于他们在接受自己作为教学部门负责人的职位时更有效率。

◎留住学生

培养新学生是一项艰巨的任务。根据所用的营销类型，它也可能非常昂贵。留住客户的成本只是获得他们的精力和金钱支出的一小部分。根据市场营销专家的说法，获得一个新客户的成本是留住一个客户的6 ~ 12倍。这就是为什么留住你现有客户如此重要。你现在的客户了解你的产品。通过教学，他们了解你的理念。他们对你解释高尔夫运动概念的方式已经形成了一种舒适的程度。他们知道你的知识水平和你在改变运作时所表现出的耐心。他们意识到你想要帮助他们成为一个更好的球员的愿望，并且似乎永远不会有无尽的能量供应。通过电子邮件、短信和电话，他们知道你很关心他们是如何打球的，或者最近的改变是否已经完全融入他们的运动，他们知道你是他们背后的动力。他们相信你，相信你能帮助他们成为更好的球员。

如果你不做上面列出的任何一件事或只有几件事，有可能你将无法留住你现在的客户。

户服务，尤其是在教学方面，是决定客户是继续和你在一起还是去找另一个"顶尖"教练的主要因素。你对高尔夫运动的了解可能是该地区最好的，但如果你不了解学生和他们正在经历的挣扎，那么你将不会比最新的指导手册或高尔夫频道学院的剧集更好。有许多因素可以将你与该区域的其他教练区分开来。大多数都不贵，但它们确实需要你花一点时间让它们发挥作用。

无论是在课上还是课后，记住要从认可学生的成就开始。在课堂上激励学生，当他们取得进步时表现出喜悦和兴奋，让他们知道你很感激他们的关注和努力做出的改变。这也让他们知道，他们的专家认为他们正在变得更好，优秀的高尔夫课程可能只是在短短的一段时间内的练习路径。花点时间用总结来结束课程，同时给他们提供一份书面概述或网上的课程总结，这是一种额外的接触，可以验证你的专业精神和对他们努力实现目标的关心。当他们出现在下一节课时，回顾上一节课是对他们努力的更大支持。

课程期间发一封电子邮件、发一条短信或微信，或打个电话询问下节课的进展情况是非常有价值的。提醒学生下一节课的时间和日期是很重要的，但提到进步和打高尔夫球的快乐会让专业人士另当别论。生日和节日的感谢信、卡片也增添了个人色彩。通信比这些其他的交流少了一点私人性，但是通过印刷品肯定学生的成就（破 90、80、70；参与大型锦标赛；一杆进洞 / 老鹰）表明教练在关注学生取得的进步。

提供各种商品的折扣是专业人士可以为学生提供的一种福利。球杆、练习球的折扣，或者达到一定数量后的免费课程，最低限度或是不收费的特殊辅导或练习课程，向别人介绍课程的折扣，甚至几轮高尔夫球、午餐或高尔夫商店商品的折扣，都会让客户感到自己很重要，并保持对教练的忠诚。

根据学生的需求来改变课程结构是专业人士表现自己关注的另一种方式。在教了一整个学期或更长时间后，专业人士会意识到学生们的进步速度不同，有些人有不同的学习风格。将新课程与这些差异相匹配将使学生以更快的速度前进，并为可能相似的新学生提供更多的机会。针对运动不同部分的特定课程、"开放"指导或练习课程只是这些特殊服务的几个例子。专业人士可以以正式或非正式的方式对当前的学生进行调查，使用有计划的谈话或书面形式都同样有效。

拍摄学生的照片并将其纳入数据库对忙碌的专业人士来说很重要，这可以防止他在课外与学生交谈时使用错误的名字而犯错误。在街上或杂货店的偶然会面上回忆一个学生的名字和他们的球技，让学生知道他们正在上正确的高尔夫专业人士的课。这种简单的回忆和任何高质量的课程一样能留住学生。

下一节课程包括一些保存记录的参数也很重要。要知道，学生的许多方面都可以被记录下来供专业人士查阅。高尔夫专业人士应该对如何使用这些信息有一个整体的计划，然后将它们保存在一个随时可用的格式中。

保存记录

专业教练为跟踪学生而采用的记录方式可能会根据一些自己认为重要的信息而有很大的不同。教练在接受新生时要做的第一件事是与学生进行面谈，并让他们填写一份提供基本联系信息的表格。此外，教练还应该收集诸如高尔夫知识、高尔夫能力、以前的课程、身体状况、对特定击球的评估、设备规格、初始目标、承诺水平和可用时间等信息。当他指导学生打出更好的高尔夫球时，教练会把学生进步的信息加入到档案中。（图10.4）

专业教练应该根据挥杆前和挥杆中原则来评估学生的起点。他还会记录球的飞行特征，包括距离、轨迹和模式。他还应该指出球员的任何可能产生错误球飞行的运动模式。随着每节课的进行，这个记录将随着球员的动作和球的飞行变化、球员的力量和灵活性的变化以及分配给球员的训练而更新。试图在每节课中收集或更新球员运动的每个部分的信息是不切实际的，但在几周或几个月的时间里，这些记录应该涵盖击球的每个领域。

除了学生的身体状况之外，他们随身携带的高尔夫历史是教练所能掌握的最重要的信息。这些信息为专业教练提供了学生对高尔夫挥杆的概念和他们过去使用过的挥杆思想。通过确定学生上过的课的数量、与学生合作过的教练，以及过去给学生带来问题的具体因素，教练就能更好地准备好与学生沟通的解决方案。已经使用过的练习习惯和练习将使教练对学生所做的一些动作进行验证。无论这个动作是好的，还是会产生问题的，对这段历史的了解都会为教练提供如何帮助学生改进的想法。

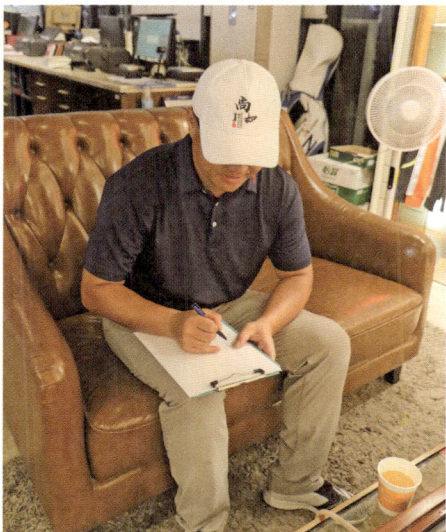

图10.4　在初始课程之前填写球员简介，可以让教练为新学员建立档案。这些信息可以以硬拷贝的形式保存，但在数字信息时代，最好以一种更便于教练访问的形式保存

对于教练的档案来说，球员装备的注释也是非常重要的。球杆类型、杆面角、杆身角和仰角等重大装备错误都会给球员造成球飞出问题。不合适的球杆可能会导致球员在他的动作中采取不必要的补偿。在过去的十多年里，对球员装备的微调已经取得了巨大的进步。匹配杆身、重量和杆面角度是添加位置、长度、杆身弧度、握把尺寸和杆头设计的基本组成部分的调整。同样，在一个彻底的装备评估中有一个具体的起点将允许教练将不同的球杆的打球特性与球员正在做的改变相匹配。保持对球员装备规格的了解将使教练能够帮助球员最大限度地发挥他的能力。

◎ 正在进行的数据

教练保存的数据集只是希望与学生建立长期工作关系的起点。有些信息是与学生保持联系所必需的，而另一些信息则是指导教练分析学生并为学生开出处方的依据。这些基本的联系信息以及其他个人信息将使教练能够向客户推销他的任何其他课程。

当然，个人的实际地址以及家庭电话号码、工作电话号码、手机和客户定期检查的电子邮件地址都应该包含在数据中。对于教练可能开发的特定课程，客户的年龄很重要，但从客户服务的角度来看，客户的生日更为重要。在一个特殊的场合见到一个人，说明教练是一个关心他们的人，愿意从忙碌的一天中抽出时间来关注他们。

任何高尔夫俱乐部的会员资格也很重要，无论是会员资格或还是学生经常打球的场地。这将为教练提供额外的参考点，以确定球员需要定期进行的击球类型，他们经常使用的练习区域类型，以及可用于测试他们竞争能力的比赛类型。

工作地点可以有几个有用的用途。它为教练提供了一个关于这个人的工作类型的开放式对话。它也可以用来确定学生可能拥有的打球机会。这些信息在高尔夫专业人士的市场营销工作中也可能是无价的。它为教练提供了一条接触更大潜在客户群体的途径。教练对学生越熟悉，学生就越觉得自己从教练那里得到了更多的价值，学生就越有可能告诉别人，这位伟大的高尔夫专业人士可以帮助他们提高比赛水平。

了解学生的初始得分能力将有助于教练帮助学生建立目标和设定达到这些目标的时间框架。这些书面目标应该保存在文件中，以便作为激励球员的参考，并将商定的目标与学生致力于练习和训练的时间相匹配。在身边放一份硬拷贝可以帮助教练和学生记住实际的目标，而不是一个被感知的目标。它使目标保持现实，并始终出现在团队面前。准确记录正在取得的进步将有助于专业人士更清楚地确定学生在运动中的位置。这也将使专业人士有机会重新评估计划，并在学习停滞或取得特殊进展时做出改变。（图10.5）

图 10.5　课程记录可以发送到互联网上的存储柜中，学生和教练都可以随时使用这些记录来讨论上一节课的内容，或衡量学生在运动中的整体进步

　　把当前的课程记录下来，在上课之前和学生复习是非常有用的。每节课的简短回顾可以让教练很快了解学生进步的成功与不足之处。历史可以很容易地显示出在力量、灵活性和执行十四项原则方面的进步。关于球的飞行距离、轨迹和模式的记录，可以帮助教练向学生确定他们在运动中所取得的实际进步。所有这些信息将使教练更容易确定下一步要采取的确切计划。这也会让教练更容易发现球员在上一节课之后可能遇到的任何动作问题。

　　在课上练习和课间分配给学生的练习笔记将帮助教练确定学生是否正确地完成了这些练习，以及是否取得了足够的进步。询问学生对练习笔记的使用情况以及他们对任何改进的看法，将使教练能够进一步完善改进计划。

　　保留练习的书面记录对学生也有很大的好处。除了有既定的目标和里程碑，学生还可以验证他们是否在正轨上。通过列出学生最初表示的练习和打球的承诺，他们将能够了解他们正在取得的进步。利用为每节课写的信息，学生可以确保他们正在练习正确的动作，进行正确的练习，并完成教练指定的作业。

◎ 保存记录的方法

　　保存记录旧的标准方法是在课程表格或有学生姓名的卡片上做笔记，然后将报告存档在文件盒或活页笔记本中。有时表格有两份，其中一份给学生，但很多时候学生是没有的。

　　数字时代使记笔记变得有点困难，但它使存储和检索笔记比过去容易得多。在没有电脑的老式教学方式下，许多教练用卡片给学生做笔记。大多数教练会在每天结束时将这些笔记转存到电脑文件中。有些教练会为每个学生使用一个带有文件夹的 Word 文档，但有些技术先进的教练会将学生笔记保存在他们的智能电话能检索与访问的文件中。如果笔记保存在一个兼容的数据库中，一旦文件被更改，教练就可以简单地将笔记加载到他的手机中。Excel 和 Access 都可以用作保存学生信息和笔记的数据库。

其他一些教练正在使用 Outlook 中的笔记区域来保存学生的信息。通过将联系人中每个学生的笔记保存在智能手机上，教练可以在上课前或学生打电话时轻松访问这些信息。通过做出清晰简洁的笔记，教练就有了保存多年记录的空间。很多挥杆分析软件，如 V1、AIGolf 等，在其学生信息数据库也有一个笔记区域。当使用软件为学生提供网络课程并将其发送到储物柜时，教练也可以访问视频打包文件，以便他为下一节课做更好的准备。

◎简短的总结

高尔夫专业人士在市场营销、销售和留住学生方面所做的大部分事情都是一个简单的过程，没有什么神奇的秘密，只有可靠的商业哲学，从保持在领域变化的顶端和照顾客户开始。